バトルか、それともチャレンジか?

田原総一朗守護霊 vs. × 幸福実現党ホープ

大川隆法
RYUHO OKAWA

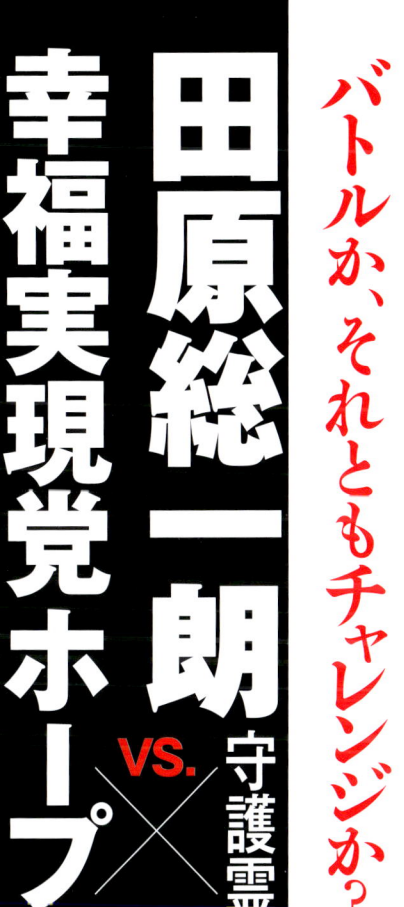

本守護霊対談の後、深夜に行われた防衛問題の「朝生《あさなま》」を久々に見た。対談メンバーが高齢化している点を除けば、田原氏のキレはまだまだ衰えてはいなかった。恐るべき七十九歳である。人知れず精進されているのだろう。ご長命を祈って感謝・合掌《がっしょう》!!

二〇一三年　六月四日

幸福《こうふく》の科学《かがく》グループ創始者兼総裁《そうししゃけんそうさい》　大川隆法《おおかわりゅうほう》

まえがき

マスコミ界には、人材はたくさんいるのに、偉人はそう簡単に出ては来ない。本当の権力者は、組織の中に、インビジブルモードで隠れておりながら、視聴率のとれる「庶民の味方」で好印象のある人を前面に押し出すか、強烈な個性を持つ「代役」を次々と繰《く》り出して、全体としての日本の「空気」を醸成《じょうせい》していく。その論調と戦うのは、ローマ軍の重装歩兵集団と戦う難しさに似ている。ビッシリとかたまった青銅の楯《たて》の向こう側にいる、真の大将を見つけ出すのは、困難きわまりない仕事なのだ。

本書に登場する田原総一朗氏は、珍しく素顔を見せながら剣一本で戦ってくる人である。かつての政界の大物たちが、この人にメッタ斬りにされるところを数多く見てきた。

田原総一朗氏の守護霊を招霊して。

党外務局長 及川幸久《おいかわゆきひさ》

党女性局長 釈《しゃく》 量子《りょうこ》

党広報本部長 あえば直道《じきどう》

本討論は、2013年5月31日、幸福の科学総合本部にて公開収録された。

田原総一朗守護霊 vs. 幸福実現党ホープ　目次

田原総一朗守護霊《たはらそういちろうしゅごれい》 VS. 幸福実現党ホープ

――バトルか、それともチャレンジか？――

二〇一三年五月三十一日　収録
東京都・幸福の科学総合本部にて

2 幸福の科学の「霊言《れいげん》」をどう見ているか　34

3 政治に対する「マスコミの機能」

※添付《てんぷ》のダイジェストＤＶＤは、本書の討論を一部、抜粋し、編集したものです。

「霊言現象《れいげん》」とは、あの世の霊存在の言葉を語り下ろす現象のことをいう。これは高度な悟《さと》りを開いた者に特有のものであり、「霊媒現象《れいばい》」（トランス状態になって意識を失い、霊が一方的にしゃべる現象）とは異なる。外国人霊の霊言の場合には、霊言現象を行う者の言語中枢《ちゅうすう》から、必要な言葉を選び出し、日本語で語ることも可能である。

また、人間の魂《たましい》は原則として六人のグループからなり、あの世に残っている「魂の兄弟」の一人が守護霊《しゅごれい》を務めている。つまり、守護霊は、実は自分自身の魂の一部である。したがって、「守護霊の霊言」とは、いわば本人の潜在《せんざい》意識にアクセスしたものであり、その内容は、その人が潜在意識で考えていること（本心）と考えてよい。

なお、「霊言」は、あくまでも霊人の意見であり、幸福の科学グループとしての見解と矛盾《むじゅん》する内容を含《ふく》む場合がある点、付記しておきたい。

田《た》原《はら》総《そう》一《いち》朗《ろう》守《しゅ》護《ご》霊《れい》VS.幸福実現党ホープ

――バトルか、それともチャレンジか?――

二〇一三年五月三十一日　収録

東京都・幸福の科学総合本部にて

［討論者］

田原総一朗《たはらそういちろう》（一九三四年四月十五日生まれ。滋賀《しが》県出身）※討論は守護霊《しゅごれい》

ジャーナリスト。評論家。ニュースキャスター。一九六〇年、早稲田《わせだ》大学第一文学部国文科卒業後、岩波映画製作所に入社。その後、東京12チャンネル（現テレビ東京）のディレクターを経て独立。執筆《しっぴつ》活動やテレビの討論番組「朝まで生テレビ！」「サンデープロジェクト」などの司会で活躍《かつやく》。『日本の戦争』（小学館刊）、『ジャーナリズムの陥《おと》し穴』（ちくま新書）、『真実の近現代史』（幻冬舎《げんとうしゃ》刊）等、多数の著書がある。

饗庭直道《あえばじきどう》（一九六七年一月五日生まれ。神奈川《かながわ》県出身）

幸福実現党広報本部長、全米共和党顧問《こもん》（アジア担当）。一九九〇年、慶応義塾《けいおうぎじゅく》大学法学部法律学科卒業後、宗教法人幸福の科学に入局、精舎《しょうじゃ》活動推進局長や常務執行理事などを歴任し、二〇〇九年、幸福実現党立党時に党首を務める。著書に『最強国家——日本の決断——』（文芸社刊）がある。

釈量子《しゃくりょうこ》（一九六九年十一月十日生まれ。東京都出身）

幸福実現党女性局長。一九九二年、國學院《こくがくいん》大學文学部史学科を卒業後、大手製紙会社を経て、一九九四年、宗教法人幸福の科学に入局。学生局長、青年局長、常務理事などを歴任し、幸福実現党に入党。現在、月刊「ザ・リバティ」（幸福の科学出版刊）で「釈量子の志士奮迅《ふんじん》」を連載《れんさい》中。

及川幸久《おいかわゆきひさ》（一九六〇年六月十八日生まれ。神奈川県出身）

幸福実現党外務局長。一九八六年、上智《じょうち》大学文学部新聞学科卒業。一九八八年、国際基督《キリスト》教大学大学院 行政学研究科修士課程修了《しゅうりょう》。米国メリルリンチ社、英国インベスコ・アセット・マネジメントを経て、一九九四年、宗教法人幸福の科学に入局。専務理事などを歴任し、幸福実現党に入党。

［司会］白倉律子《しらくらりつこ》　フリーアナウンサー。早稲田大学大学院政治学研究科修了。専攻《せんこう》はジャーナリズム。

1　マスコミ界のグランド・マスターに「手合わせ」を願う

幸福実現党幹部の「練習」と「PR」を兼《か》ねて

司会　ただいまより、「田原総一朗守護霊《しゅごれい》 vs. 幸福実現党ホープ――バトルか、それとも全滅《ぜんめつ》か?――」（収録時のタイトル）を始めさせていただきます。

大川隆法総裁、まず初めに、この企画《きかく》のご意図や趣旨《しゅし》などを教えてください。

大川隆法　前回、テレビ朝日の「報道ステーション」でメインキャスターをやっておられる古舘《ふるたち》さんの守護霊と党首との対決を行いましたが（『バーチャル本音対決――TV朝日・古舘伊知郎《いちろう》守護霊 vs. 幸福実現党党首・矢内筆勝《やないひっしょう》――』〔幸福実現党刊〕参照）、やはり、幸福実現党幹部がテレビに出なければいけない時期が近づいていると思われますので、練習とＰＲを兼《か》ねて、事前にやっておいたほうがよいだろうと思っています。

テレビに出るのは時間の問題かと思いますが、テレビ局のディレクター等も、幸福実現党の幹部をテレビに出すに当たり、どのようになるかが分からないのは怖《こわ》いでしょうから、シミュレーションとしてお見せしておけば、「だいたい、このようなことを言うのだな。番組になったら、このようになるのだな」というイメージが湧《わ》いてきて、「視聴率《しちょうりつ》がどのくらい取れるか」まで、おそらく読めるはずです。

田原さんの守護霊の切り口や言い方も、本人とほとんど変わらないので、本人とやっているのと変わらないと思います。ほぼ一緒《いっしょ》です（笑）。

今回の対決で分かる「政治家としての力量と将来性」

大川隆法　私は、この前の衆院選（二〇一二年）の際、大阪《おおさか》市へ街宣に行ったのですが、そのときに、実は、新大阪駅まで田原さんと同じ新幹線に乗っていたのです。

向こうは、少しお年を召《め》されていて、娘《むすめ》さんと思われる秘書がついておられました。彼は、私に気がつかなかったようですが、こちらは、ジッと見ていたのです。

新幹線を降りて歩かれている姿を見ると、お年を召された感じの歩き方だったため、「前回、テレビで対談してから、二十二年もたったのだな」ということを、しみじみと感じましたが、七十九歳《さい》で、まだ現役《げんえき》でおられるのはすごいことです。七十九歳というのは、アメリカのラリー・キング（米CNNテレビのトーク番組の司会を務め、「トークの帝王《ていおう》」と呼ばれた）と同じ年です。

今朝（二〇一三年五月三十一日）の新聞には、「ラリー・キングが、ロシア政府系の英語ニュース専門テレビ局で、アメリカの有力者と政治について語り合う番組を始める」というようなことが載《の》っていましたが、田原さんは、「日本のラリー・キング」ですよね。流行《はや》りの言葉で言えば、マスコミ界の「グランド・マスター」の一人だと思います。

そのグランド・マスターの守護霊とお手合わせすることで、「彼ら（饗庭・釈・及川）

が未来の政治家として、どの程度のポテンシャル（潜在的能力《せんざいのうりょく》）を持っているか」が、おそらく分かるでしょう。

田原さんには、自民党や民主党、日本維新《いしん》の会、みんなの党、公明党、共産党など、そうとうの数の政治家とバトルをやってきた経験から、力量と将来性が、だいたい見えるだろうと思うので、練習をしておいたほうがよいと思います。

ご高齢《こうれい》のため、「ご本人と直接」ということはないかもしれませんが、練習なしで、この人とやると、〝太刀筋《たちすじ》〟が厳しいので、あっさりやられてしまうでしょう。

また、今、テレビに出ている人たちは、この方の後輩《こうはい》筋に当たるので、このグランド・マスターの守護霊と模擬《もぎ》演習を行うことによって、興味・関心が出てくるだろうと思います。

過去にも経験がある「マスコミの無反応と突然《とつぜん》の攻撃《こうげき》」

大川隆法　今は、テレビに出たくても、なかなか出られず、面白《おもしろ》くない状態ですが、以前にも同じような経験があります。

当会も、一九九一年の三月に宗教法人格を取るまでは、一生懸命《いっしょうけんめい》、大きな行事をやったり、本を出したり、いろいろなことをしても、マスコミが、まったく扱《あつか》ってくれないので、「これだけやっているのに、無反応というのは、ずいぶん冷たいな」と感じていました。

当会を取り上げてほしかったのに、全然、取り上げないで、無視しているという状態が、ずっと続いていたのです。

ところが、一九九一年の三月に宗教法人格を取得するや否《いな》や、マスコミからの攻《こう》撃《げき》が始まりました。

「宗教法人格を取得した」ということは、要するに、「公益法人になった」ということですので、「税金の減免《げんめん》」が始まります。

そのため、宗教法人格を取得するや否や、堰《せき》を切ったように、マスコミの攻撃が始まったのです。大阪の橋下《はしもと》市長ほど極端《きょくたん》ではありませんでしたが、夏ごろには、あらゆるマスコミに囲まれている状態になり、教団は危機的状況《じょうきょう》になりました。

そのころ、今も、まだ続いている「朝まで生テレビ！」に、教団幹部三人と、オウムの麻原《あさはら》以下の幹部が出て討論をしたことがあります。

私が出なかったこともあったのかもしれませんが、オウムの上祐《じょうゆう》がディベートを勉強していて上手だったことや、向こうがピシッとつくったビデオを出してきたのに対し、こちらは、紙芝居《かみしばい》のようなフリップで説明していたこともあり、「なんだかローテクだな」という感じで、バカにされ、「オウムのほうが優勢だった」というように言われました。

「田原氏との直接対決」で、マスコミとの第一回戦が終わった

大川隆法　その後、「サンサーラ」という雑誌の取材で、田原さんからインタビューを受けたのですが、そのときに、私が、「朝型なので、夜中の番組は苦手なのです」と言ったところ、「では、昼間にやりましょう」ということで、「サンデープロジェ

クト」に呼ばれ、田原さんと対談をすることになったのです（一九九一年十月）。結局、マスコミ界で、最も怖がられている人と、一時間ぐらい直接対決をしたわけですが、それで、マスコミの攻撃はピタッと止《と》まりました。〝大将〟が出てきて対決してみせたら、マスコミは黙《だま》ってしまったのです。

あのときは、「サンデープロジェクト」が始まって三年目ぐらいだったと思うのですが、「田原総一朗が、あまりにも怖いので、大物の政治家が、みな逃《に》げてしまい、出てくれない」というので、テレビ局も困っていたそうです。

ところが、私が出た回は、対談しているうちに、どんどん視聴率が上がっていき、十七・何パーセントという、その当時の過去最高視聴率まで上がりました。

それで、私のあとに、三十分ぐらい、ほかの人が出る予定があったのに、そちらはカットされ（会場笑）、「ぶち抜《ぬ》きで結構ですから、最後までやってください」ということで、一時間やってしまったのです。

当時、マスコミ界に出た批評としては、ほとんどが「田原氏は負けた」という判定でした。

ただ、私の印象としては、田原さんは、「幸福の科学は、危機的状況にある」と思って、負けてくれたように見えました。「負けたように見せて、幸福の科学を逃《に》がしてやろうとしているのだろう」と感じたのです。

そのため、私も、九割方、攻《せ》めていたのですが、「完全に勝ってはいけない」と思い、最後の十分ぐらいは向こうに花を持たせ、少し斬《き》り込《こ》ませて、押《お》されているように見せながら終わることにしたのです。

彼には、番組を制作するディレクターのような能力があり、全体が見えているので、こちらも、「完勝」ではなく、信者には多少不満に思えるぐらいのところで止《と》めたのを覚えています。

完全に論破しようと思えばできたのですが、向こうにも、ある意味で、「少し負けてやろう」という気持ちがあったようで、「幸福の科学は、潰《つぶ》れる危機にある」と、あちらは思っていたようです。田原さんは、そういう人でもありました。

以後、テレビ局のほうからは、「『サンデープロジェクト』の格が上がって、大物政治家が大勢出てくれるようになりました。ありがとうございました」と言われたので、そういう面では、よかったのかなと思います。

マスコミとの戦いの第一回戦は、そこで終わったわけです。

「各個撃破《げきは》にくる」と推定される田原総一朗氏の守護霊

大川隆法　今までは、「まったく相手にしてくれない」と言って不満に思っているかもしれませんが、今後、幸福実現党が、どこかで政党要件を満たし、公党として認められたならば、急に攻撃《こうげき》が始まることはあるでしょう。

そのときは、「やはり、誰《だれ》かが出ていって戦わなければいけない」ということで、党首や広報本部長などが出ていくかたちになると思うのです。

そこで、田原さんの守護霊あたりと、一回、練習をしておけば、田原さんより二十年後輩の人と話をするのは、それほど難しくなくなると思います。

今回も事前に相談していませんので、やってみないと分からないのですが、おそらく、田原さんの守護霊は、教祖と弟子《でし》のところを切り離《はな》してくると推定します。

要するに、「教祖としての大川隆法は別世界にいるが、はたして、弟子たちに、政治家として、政治団体を率い、日本の政治をやるだけの能力があるかどうか。それが問題なのだ」という感じで切り離してきて、「各個撃破」してくると推定します。

みんなで団子になってかかろうとしても、そうならないように上手に離され、切られると思われます。

（饗庭に）この人も、〝侍大将《さむらいだいしょう》〟としては、お強いでしょうけれども……。

饗庭　今日は、個別に対談しようかなと思っています。

大川隆法　相手も個人戦がお強い方ですので、大変かなと思いますね。

全体のイメージとしては、そのようなところです。

当初の副題に「バトルか、それとも全滅《ぜんめつ》か?」と付けた狙《ねら》い

大川隆法　副題に、「バトルか、それとも全滅《ぜんめつ》か?」と付けましたので、それを見て、機嫌《きげん》が悪いだろうと推定するのですけれども（笑）（会場笑）。

饗庭　「総裁は、なぜ、このような副題を付けられたのかな」と。

大川隆法　いや、本になったときに、その副題を見て、「幸福実現党のほうが負けるのだろうな」と思い、みんな買って読みたくなるじゃないですか。

饗庭　ああ。

大川隆法　ところが、読んでみたら、「幸福実現党は、意外に頑張《がんば》っているではな

いか」と、こうなります。これが、私の狙《ねら》いなんですよ。
あなたがたが完勝するのでは、誰も読まないでしょう?

饗庭　そういうことですね。なるほど。

大川隆法　そんなものは面白くないではないですか。
政治家にもなっていないような人たちに、マスコミ界のグランド・マスターが簡単に負けたら、読み物になりませんよ。
これは、「どれほど負けるのかな?」と思わせて、みんなに関心を持ってもらい、マスコミ人にも読ませることが狙いです。

饗庭　本の売り上げだけならいいのですが、やはり、選挙が近づいているので、「また票にならないのではないか」という……。

大川隆法　ああ、なるほど。「『全滅』というイメージが悪い」ということですね。

饗庭　ええ。

大川隆法　うーん。まあ、最悪の事態を考えていれば、それよりよいことが起きることもあるかもしれませんよ（会場笑）。

饗庭　なるほど。

「どこを攻《せ》めてくるか」を見て、今後の対策に活《い》かしたい

大川隆法　田原さんは、相手が弱いと見た場合には、メタメタにやらずに、少しヨイショをかけてくれることもありますが、相手が強い場合には、徹底《てってい》的に突《つ》っ込ん

できます。

自民党の幹事長あたりでは、もう何にも言えずに、「〝棚晒《たなざら》し〟にされ、ただただ座《すわ》るだけ」というようなことになる場合もあるのです。例えば、加藤紘一《かとうこういち》氏が幹事長のときも、「メタメタにされ、何にも話せなくなって、惨《みじ》めな時間を過ごした」ということもあったと思いますので、相手によって態度が変わってくると思います。

意外に、マゾっぽく攻《せ》めたほうが、読者がつきますよ（笑）。あなた（饗庭）は面白くないでしょうけれどもね。

饗庭　いえいえ。

大川隆法　いずれ、かっこよく、〝スーパーマン風〟に出られることもあるだろうと思いますが、今は、まだ、そういう時期ではありませんからね。

饗庭　修行《しゅぎょう》中ということですね。

大川隆法　ええ。あまり強気で出て、大阪の橋下市長のように、いきなり猛攻《もうこう》を受けても、まだ、全体には、もつレベルではありません。

今日、マスコミ界のグランド・マスターは、どこを弱みと見て攻めてくるでしょうか。「ああ、このような点が攻めどころなのだな」ということを見てみたいと思います。また、「こちらが、どのように切り返してくるか」を、相手も見るでしょう。このへんの勘所《かんどころ》を見て、今後の対策に活《い》かしたいと考えています。

饗庭　はい。

大川隆法　古舘さんは若いのでピンピンしていますが、田原さんのほうが、やはり、硬派《こうは》であり、きつい〝太刀筋〟だろうとは思います。

年を取った分、守護霊も変化しているか、守護霊は別で、肉体の影響《えいきょう》を受けずに、昔のままかは分かりません。

年を取った分、やや保守化して、大人っぽくなっている可能性もあるのですが、演技ができる人なので、どちらでもやるだろうと思います。

（討論者に）頑張ってくださいね。

（司会に）趣旨説明は、このようなところでよろしいですか。

司会　はい。ありがとうございます。

では、最初は、胸を借りるかたちになりそうですが、よろしくお願いいたします。

大川隆法　その逆もあるので気をつけてください。

この人は、よく、「私はバカですから、分からないんですよ」というような感じで持ち上げてきます。そして、相手が、それを見て、「そうだろう」と思い、うぬぼれて、滔々《とうとう》と語り始めると、そこで隙《すき》を見つけて、ブスッと下から〝刺《さ》してくる〟ときがあるのです（会場笑）。

つまり、下手《したて》に出てきて、ブスッと〝刺す〟ことがあるため、用心しなければいけません。賢《かしこ》そうには見せない人なので、それを知っておかないといけないですね。水中から急に突《つ》いてきたりしますから。

田原総一朗氏の守護霊を招霊《しょうれい》する

大川隆法　田原さんは、間違《まちが》いなく、グランド・マスターの一人です。

では、やってみましょう。

宗教とマスコミとの〝融合《ゆうごう》〟を目指して（笑）、頑張ってみたいと思います。

『バーチャル本音対決――TV朝日・古舘伊知郎守護霊 vs. 幸福実現党党首・矢内筆勝――』の発刊で、テレビ朝日は大騒《おおさわ》ぎになるでしょうが、追い打ちで、さらに、もう一発、〝弾《たま》〟を入れてみたいと思っております。

（合掌《がっしょう》し）田原総一朗さんには、以前、お会いしたこともありますし、おそらく、協力してくださるでしょう。

日本のテレビ界のラリー・キング、田原総一朗さんの守護霊をお呼びいたしまして、幸福実現党の次のホープとなる方々に、稽古《けいこ》をつけていただきたいと思います。

田原総一朗さんの守護霊よ。

どうぞ、幸福の科学総合本部に降りたまいて、われらを指導したまえ。

田原総一朗さんの守護霊よ。

どうぞ、幸福の科学総合本部に降りたまいて、われらを指導したまえ。

（約五秒間の沈黙《ちんもく》）

2　幸福の科学の「霊言《れいげん》」をどう見ているか

病気をしても、まだ「現役《げんえき》」でやってはいるよ（田原）

司会　田原総一朗さんの守護霊でいらっしゃいますね？
今日は、ありがとうございます。

田原総一朗守護霊　（司会に）君、学生をやってるんだって？　若いじゃない？　若いよねえ。古舘《ふるたち》は失敗したな。わっかいじゃない？　学生なんだもんね。

司会　ありがとうございます（笑）。
二十数年前、こちらの饗庭直道《あえばじきどう》広報本部長は、田原さんの番組に出演をされて……。

田原総一朗守護霊　ああ、出たねえ。

司会　はい。

田原総一朗守護霊　（饗庭に）君、まだ禿《は》げてないか。

饗庭　ええ（笑）。

田原総一朗守護霊　あのころは若かったけど、今も若いじゃないか。

饗庭　はい、おかげさまで。ありがとうございます。

田原先生、「ご病気をされた」と聞いたのですけれども。

田原総一朗守護霊　ええ。

饗庭　その後、お加減のほうは？

田原総一朗守護霊　まあ、まだ現役《げんえき》でやってはいるよ。年を取りゃ、人は病気ぐらいするしね。そうなってくれないと、若い者が出てこれないからさ。君、なかなか思いやりがあるじゃないですか。福祉《ふくし》の勉強をしてるの？

饗庭　いえ、そういうことでもないのですが……。

「宗教と政治を一緒《いっしょ》にやっちゃえ」って感じに見える（田原）

饗庭　ところで、この霊言《れいげん》シリーズをずいぶん続けているのですけれども。

田原総一朗守護霊　派手にやってるねえ。

饗庭　やっております。

短期・中期の見方があると思いますが、まず、田原先生から見て、「霊言シリーズを打つことが、幸福の科学と幸福実現党にとって効果的なのか」について、いろいろとご意見を伺《うかが》いたいと……。

田原総一朗守護霊　それは、はっきり言って、やけくそに見えるねえ（会場笑）。私らから見たら、ほぼ、やけくそだよね。「宗教として仕事をしなきゃいけないから、宗教の仕事もしたいけど、政治もやりたい。だけど、両方できない。もう、やけくそだ。一緒《いっしょ》にやっちゃえ！」っていう感じに見えるな。

饗庭　なるほど。

「まさかのときの幸福実現党」という応援《おうえん》を頂いた（饗庭）

饗庭　二〇〇九年に都議選が終わったあと、公開されていない霊言で、一度、田原先生の守護霊にお出ましいただいて、かなりハッパをかけていただいたことがあったかと思います。

田原総一朗守護霊　うーん。

饗庭　あのときは、「民主に風が吹《ふ》くかどうか、テポドンでも飛んできたら分からんぞ。まさかのときの幸福実現党ですよ」というような応援《おうえん》を頂いたのですが、最近は、幸福実現党をどのようにご覧いただいているのでしょうか。

田原総一朗守護霊　いや、面白《おもしろ》いよ。実に、君らは面白いよ。

今、マスコミは、大阪《おおさか》の橋下《はしもと》市長をつかまえて〝獲物《えもの》〟にしようと思ってるけど、叩《たた》いても、そんなに出てくるものがなくなってきてるからさ。叩いても叩いても、もう先が見えてるじゃん。あと、もう出るものが大してない。スキャンダルがほとんど出尽《でつ》くしてきたし、（橋下市長に）飽《あ》きてきつつあるから、〝次の獲物〟は君たちだ。

だから、マスコミの主流はね、「ぜひとも、議席を取っていただき、ぜひとも、政党の一部に加わっていただき、ぜひとも、袋叩《ふくろだた》きにできる対象になっていただきたい」と、君たちの〝幸福〟を願ってる人がほとんどだよ。

饗庭　頑張《がんば》ります。

田原総一朗守護霊　でも、「政党じゃない」って言われたら、叩きようがないじゃないの。

饗庭　はい。

田原総一朗守護霊　ただの「いじめ」じゃん。なあ？　だから、ちゃんと叩きがいがあるぐらいの強い政党になっていただきたいねえ。

守護霊霊言《れいげん》には「本人との酷似性《こくじせい》」が出てきている（田原）

饗庭　あの、幾《いく》つかよろしいですか。

田原総一朗守護霊　いいですよ。

饗庭　せっかくの機会なので質問させていただきます。

先生は、守護霊でいらっしゃるじゃないですか。

田原総一朗守護霊　君、うまいなあ。「先生、先生」と言われると、なんか、俺《おれ》、弱いんだよなあ。早稲田《わせだ》でちょっとだけ教えたりはするんだけどさあ。

饗庭　グランド・マスターでいらっしゃいますので。

田原総一朗守護霊　「先生、先生」と言われると、なんか、グニャグニャッとくるよなあ。俺は、ヨイショに弱いんだよ。

饗庭　とんでもないです。

田原総一朗守護霊　俺の顔を見たら、みんな、怖《こわ》がって逃《に》げるからさあ。

饗庭　いえいえ。

先日、「月刊Ｗ《ウ》ｉ《ィ》ＬＬ《ル》」の花田《はなだ》編集長とお話ししたとき、「『霊言《れいげん》』というのは分かるが、『守護霊の霊言』というのは、よく分からないんだ」とおっしゃっていました。

田原総一朗守護霊　そう言うなあ。うーん、そうだなあ。

饗庭　でも、実際に今、田原先生の守護霊の立場でいらっしゃるじゃないですか。

田原総一朗守護霊　うん、うん。

饗庭　その守護霊の立場から見て、「一般《いっぱん》のマスコミ人が、幸福実現党の政策をどう見ているか」ということもあるのですが……。

田原総一朗守護霊　うーん。まあ……。

饗庭　田原先生からは、「守護霊霊言」について、どのように見えているのでしょうか。

田原総一朗守護霊　まあ、「霊言」っていうか、「死んだ人が出てきて話す」というのには、いろいろ例があるから、まあ、理解できないことはない。「信じるかどうか」は別にして、理解できないわけではないけども、「生きてる人の守護霊が来て、霊言をする」っていうのはないよね。

まあ、「守護霊がついてる」とかいう話はあるよ。「おじいさんが守護霊をしている」とか、「猫《ねこ》が守護霊をしている」とか、「犬が憑《つ》いてる」とか、そのレベルのものはある。テレビに出てる江原《えはら》だとかは、あんなレベルにあるんだろうけど、ここまで克明《こくめい》に、「本人の代わりに守護霊がしゃべる」みたいなのは、たぶん、歴史上ないと思うんだよ。その意味で、判断資料はない。

しかし、最近、例えば、渡部昇一《わたなべしょういち》さんとか、竹村健一《たけむらけんいち》さんとか、いろいろな保守の言論人（の守護霊霊言）も出てるし、それから「左」の人も出てるけど、みんな、「本人との酷似性《こくじせい》」を感じているだろうからさ。声を聞けば大川さんの声なんだけど、活字にしてみたら個性が全然違《ちが》うのが、もうはっきり出てきてるじゃない？　だから、（守護霊霊言が）新しいものであることは分かる。

幸福の科学は政治と宗教の〝二刀流《にとうりゅう》〟だ（田原）

田原総一朗守護霊　また、新聞なんかでも、そういう、守護霊みたいなのを平気で広告に出してくれる、あなたがたにシンパシーを感じてるものと、朝日系みたいに「最近の人は勘弁《かんべん》してくれ」って言うタイプの両方があるし、中吊《なかづ》り広告等でも

「守護霊の霊言は、勘弁してくださいよ」って言われることはあるので、まだ、そんなに確立した概念《がいねん》じゃない。まあ、西洋圏《けん》で言っても、たぶん、そんなにはっきりとは分からないんじゃないかと思うんだよな。

だから、「宗教で、（霊界《れいかい》の）証明をやりながら、同時に政治のほうもやろうとしてる」っていうのは分かるんですよ。「二刀流《にとうりゅう》の宮本武蔵《みやもとむさし》なんだ」っていうことは、はっきり分かる。〝二刀流〟でやろうとしてるけど、〝二刀流〟っていうのは難しいよねえ。剣《けん》は両手でも重いからね。これを〝二刀流〟で両方やろうとして、政治と宗教の両方で勝とうとしてるから、この判定がちょっと分からないね。

出てきた理由は「ジャーナリストとしての好奇心《こうきしん》」（田原）

饗庭　例えば、今日、先生は、大川隆法総裁に呼ばれたら、すぐ出てきてくださったじゃないですか。

田原総一朗守護霊　そうですね。

饗庭　出てきてくださるときの感覚というのは、心地《ここち》よいものなのでしょうか。それとも不快なものでしょうか。あるいは、「応援してやろう」という気持ちなのでしょうか。霊人《れいじん》によって、いろいろなタイプがあると思うのですが、田原先生の場合、どうですか。

田原総一朗守護霊　まあ、俺は好奇心《こうきしん》だな。

饗庭　好奇心？

田原総一朗守護霊　うーん。「どんなふうになるのかなあ」っていう好奇心があるからさ。君らがどうなるかを占《うらな》うことができれば、ジャーナリストとして面白いじゃん。やってみて、「ああ、これは駄目《だめ》だわ」っていう結論が出るか、「まだ可能性があるな」って見るか。やっぱり、あとのマスコミ人たちは、みんな、俺の判断を見てると思うんだよ。

饗庭　はい。

田原総一朗守護霊　だから、「意味はある」と思ってるよ。

饗庭　ありがとうございます。

今日は「プロレスのような受け返し」で進めたい（饗庭）

饗庭　ところで、今日の進め方のスタイルですけれども、せっかくの機会なので、先生から、三人への厳しいご質問なども頂きながら、「猪木《いのき》のプロレスのように、技《わざ》を受けて、それを返せるかどうか」という感じで……。

田原総一朗守護霊　プロレスかよ?　まあいいや（会場笑）。それは、もう一回、あいつ（古舘伊知郎《いちろう》守護霊）とやったほうがいいんじゃないか。

饗庭　そういうやり方もありますし、逆に、先生に教えていただきたいことや、何いたいことなどもたくさんございますので、こちらから質問するかたちにさせていただいてもよいかと思います。

田原総一朗守護霊　ああ、うんうん。

饗庭　何か、先生なりのお好みなどがあれば……。

優等生の〝皮〟を破らなきゃ政治家になれない（田原）

田原総一朗守護霊　君には、まだ優等生の影《かげ》が残ってるなあ。やっぱり、政治家で一時代を築こうと思ったら、ちょっと〝皮〟を破らなきゃいかんのじゃないか。

饗庭　まだ、対談も始まったばかりでございますので。

田原総一朗守護霊　今も優等生をやってるなあ。君ねえ、小林節《こばやしせつ》教授あたりを、もう乗り越《こ》えなきゃいけないんだよ。

饗庭　いやあ（笑）。

田原総一朗守護霊　乗り越えなきゃね。「先生、先生」と言ってるようじゃ、いつまでたっても学生なんだよ。あのあたりを乗り越えて、「先生は憲法について、そう言うけども、もう古いんですよ。この憲法は駄目なんです。こうやってやらなきゃいけないいんです」っていうぐらい突《つ》っ込《こ》めるようにならないと政治家になれないんだ、君ぃ!

饗庭　はい。

田原総一朗守護霊　政治家は、法律をつくるほうなんだよ。学者は、それを解説するほうなので、立場が違うんだ。法をつくるほうになるわけだから、もうそろそろ、君の教授を折伏《しゃくぶく》しなきゃいけない時期が来てるんだよ。「立てればいい」っていう時代は終わったんだ。

饗庭　いやあ（笑）。

田原総一朗守護霊　「優《ゆう》」をもらえる時代は終わったんだよ。「優をもらえないで、可ばかりを取って、七年も行く」っていう私みたいなのがグランド・マスターになるわけよ（机を叩く）。だから、「昔の秀才《しゅうさい》は、必ずしも今の英才ならず」なんですよ。昔の鈍才《どんさい》が、今、その変わりようをもってして、世の中で認められる時代になっていくのよ。年を取りゃね。

「侍《さむらい》」に見える髪形《かみがた》はアメリカ人に評判がよい（饗庭）

田原総一朗守護霊　だから、君は、できるだけ変人にならなきゃいけないわけよ。髪《かみ》を伸《の》ばしてるから、もうすでに、ちょっと変人ではあるけれどね（会場笑）。多くの視聴者《しちょうしゃ》は、君が髪を伸ばしてるのを見て、「何だろう？　この人」と思うてるのは分かってるけども、たぶん、うまくは説明できないだろうと思うんだよ。まあ、それは、こちらの人（司会）がきっと説明をするんだろうけどさあ。

何？　インディアンに感化を受けたのか。

饗庭　そういうことではないのですが、これは、アメリカだと意外に評判がいいんですよ。

田原総一朗守護霊　ああ、そうなの。

饗庭　後ろで髪をくくっていますので、目立つんですね。そうすると、「侍《さむらい》か！」と言って、声をかけてくれるんですよ。

田原総一朗守護霊　ああ、なるほど。

饗庭　それで、「そこから、いろいろとプレゼンが始まる」という具合で。

田原総一朗守護霊　なるほど。日本だと、その髪形では、断髪《だんぱつ》式で辞《や》めるときのお相撲《すもう》さんか、あるいはプロレスラーだよなあ（会場笑）。

饗庭　そういうことになりますね。

田原総一朗守護霊　そういうことになるわねえ。まあ、いいけどさ。政治も格闘技《かくとうぎ》だからな。

饗庭　はい。

宗教は「これが本物だ！」と言い切らなきゃ駄目《だめ》だ（田原）

田原総一朗守護霊　じゃあ、何から行こう？　三人でテーマを分けるつもりかな？

饗庭　はい。私が冒頭《ぼうとう》のところで、いろいろとすり合わせをさせていただいて、例えば、「政治と宗教」というテーマを釈が……。

田原総一朗守護霊　だったら、君は負けちゃいけないんだろう？　君が潰《つぶ》れたら、もう、あとがなくなるんだろう？

饗庭　いや、そんなことはありません。私が〝死んだ〟ら、あとには、釈さんと及川さんがいます。

田原総一朗守護霊　ああ、そうか。そらあ、手加減してやるから大丈夫《だいじょうぶ》だよ。

饗庭　ありがとうございます。

田原総一朗守護霊　〝小太刀《こだち》〟で相手するから。

饗庭　はい。ありがとうございます。

田原総一朗守護霊　で？　どうなりたいわけ？

饗庭　せっかくの機会ですので、まず、こうして田原先生の守護霊様に出てきていただいている以上、「霊界の存在証明」の貴重な機会でもあると思うのです。

田原総一朗守護霊　なるほど。そう考えるか。

饗庭　そうです。地上におられる実際の田原総一朗先生と守護霊の先生との同じ点や違う点などを、読者の方に分かっていただいて、「本物かもしれないな」と思っていただけると、幸福の科学、そして大川隆法総裁の霊言の信憑性《しんぴょう》が……。

田原総一朗守護霊　駄目《だめ》駄目駄目！　君、駄目。駄目。「『本物かもしれないな』と思っていただく」と言った段階で、君、駄目なんだ！　駄目！　宗教っていうのは、「これが本物だ！」と言い切らなきゃ駄目なんだよ、君ぃ。

饗庭　はい。

田原総一朗守護霊　そこまで言わないと、人は信じないのよ。「『本物かもしれない』と思っていただけるとありがたい」なんていう営業をやったって、物は売れませんよ。偽物《にせもの》でも「本物だ」と言わなきゃ、宗教じゃない。偽物ほど「本物だ」って言ってるんですから、本物は、「もっと本物だ」と言わなきゃ駄目なんだ。

「疑いから入って確信を深めていく」のが人間の心理（饗庭）

饗庭　いや、そこは、自信の裏打ちなんですよ。

田原総一朗守護霊　そうなの？

饗庭　「本物だ」と思っているからこそ、そう申し上げている訳です。人の心理というのは、最初は「疑い」から入っていって、「そうかもしれないな。いや、これは本物かな？」というように、だんだん確信が深まってくるじゃないですか。

田原総一朗守護霊　うーん。

饗庭　だから、私が最初からパーッと言いすぎると、疑われる可能性があるので、あえて謙虚《けんきょ》に言っているわけです。

田原総一朗守護霊　なるほどねえ。で、なんで眼鏡《めがね》がそこに置いてあるの?

饗庭　ええ。胸ポケットに入れていると、聴衆から見て具合が悪いかなと思いまして。

田原総一朗守護霊　途中《とちゅう》で眼鏡をかけるの?

饗庭　たまにかけたりします。

田原総一朗守護霊　かけたら、変身するわけ？

饗庭　変身はしませんが、時間の配分を気にしたりとか。

田原総一朗守護霊　ああ、なるほど。そういうことか。

饗庭　そういえば、「田原先生はＡＫＢのファンだ」と伺ったのですが。

「成長株を見分ける訓練」としてＡＫＢを観察している（田原）

田原総一朗守護霊　あらあ……。君ぃ、ずいぶん……。

饗庭　いえいえ（笑）（会場笑）。

田原総一朗守護霊　下《しも》から攻《せ》めてくるねえ（会場笑）。ＡＫＢから攻めるの？

饗庭　失礼しました。いや、これは「つかみ」です。あまりシリアスに励《はげ》みすぎると、本になったとき、読者が読んでいても面白くないかなと思いまして。

田原総一朗守護霊　「老人だ」と思われたくないから言ってるだけですよ。

饗庭　「コンサートにも行かれている」という……？

田原総一朗守護霊　そんなの、ファンなんかじゃありませんよ。

饗庭　本当はファンではない？

田原総一朗守護霊　ファンじゃなくて、大好きなだけですよ（会場笑）。

饗庭　それは、ファンということですよね。

田原総一朗守護霊　いや、ファンじゃありませんよ。私は、冷静な観察者ですから、「どの子に素質があるかなあ」と言って、競馬《けいば》の馬なんかを見てるような気分でいるわけよ。「『これが伸びるんじゃないかなあ』と思ってる子に、その後、人気が出てくるか、あるいは消えるか」とか、こういうところで、自分の「人を見る目」を磨《みが》いているのよ。

饗庭　なるほど。

田原総一朗守護霊　うーん。分かる？

饗庭　分かりました。

田原総一朗守護霊　今はもう、女性なんかには、全然関心がないのよ。私はねえ、隣《となり》の方（釈）ぐらいの熟女なら、ちょっと関心はあるけども、あんな若いのは、ほとんど女性には見えないの。だから、女の「子」って付くと、もう、女性じゃないね。六十を越えたら、その気《け》はまったくなくなったね。

だから、何て言うのかなあ、私は、メディアでの成長株を見分けるような、一つの訓練のつもりでやってるんだよ。

饗庭　はい。

田原総一朗守護霊　ＡＫＢで来たかあ……。

饗庭　失礼しました。

田原総一朗守護霊　そのネタで行くんだったら、君、どんどん落ちていくけど、いいかい?

饗庭　いえいえ。

田原総一朗守護霊　エヘヘッ……。

饗庭　先生、お手柔《てやわ》らかにお願いいたします。

田原総一朗守護霊　フハハハ……。

3　政治に対する「マスコミの機能」

「橋下旋風《はしもとせんぷう》」には期待したが、彼の完全な味方じゃない（田原）

饗庭　それでは、政治の話題に移ってよろしいですか。

田原総一朗守護霊　あ、いいですよ。

饗庭　地上の田原先生は、長い間、大阪維新《おおさかいしん》の会と申しますか、橋下《はしもと》さんを応援《おうえん》していらっしゃいますが、守護霊である先生ご自身も同じ考えなのでしょうか。最近、橋下さんには失言問題（慰安婦《いあんふ》問題）などもあり、まあ、それを失言と取るかどうかは別なのですが、そのあたりについて教えていただきたいと思います。

田原総一朗守護霊　やっぱり、政治はねえ、今、退屈《たいくつ》してるのよ。何て言うのかなあ、熱いフライパンの上で猫踊《ねこおど》りしてくれるのは、今、橋下ぐらいしかいないんだよな。だから、「橋下にどこまで踊ってもらえるか」っていうのを見ているところだ。

安倍《あべ》だって、踊らないじゃない。な？　都合《つごう》が悪くなったら、すぐ逃《に》げ始めていくからさ。それから、官房長官《かんぼうちょうかん》の菅《すが》か？

饗庭　菅さん。はい。

田原総一朗守護霊　彼はもう、ほんとに〝壁《かべ》〟みたいな人だからさ。存在を消していくことに専念しているから、全然面白《おもしろ》くないわな。いわゆる「劇場型の政治」としては、まったく面白みがない。

まあ、マスコミの期待としては、「橋下あたりが旋風《せんぷう》でも起こしてくれて、やってくれるかなあ」と思ったよ。石原《いしはら》の親父《おやじ》さんも、年を取ったから、もうそんなにやれるはずがないので、橋下が次の若手として政界に旋風でも起こしてくれたら、マスコミとしては、しばらく食っていけるから、面白い。それに、今までの政治家にないようなものもあるからね。彼は恫喝《どうかつ》ができるだろう？　恫喝できる政治家だから、〝歯ごたえ〟があるよな。そういう意味では、ノコギリザメを料理してるような感じだ。

まあ、（橋下氏の）完全な味方じゃないよ。やっぱり、マスコミ人は、基本的に中立だ。基本的には中立だけども、可能性があるものをできるだけ引っ張り出して、高く掲《かか》げて見せ、撃《う》ち落とされたら、それまでだよ。まあ、「冷たい」と言やあ、冷たいわな。でも、そういうところはあるからさ。

「朝生《あさなま》」でオウムを宣伝してしまった責任はある（田原）

田原総一朗守護霊　宗教ネタで言やあ、俺《おれ》だって、オウムがずっと疑われてたときに、幸福の科学に人気が出てきて、あっち（オウム）も連れ上がりしてきたので、バトルさせたりした。

まあ、オウムがちょっとだけ生き延びて事件を起こしたのは、俺にも責任があるかもしれないとは思うんだけども、逆に、幸福の科学のほうには、俺が絡《から》んで生き延びれたところもあるからさ。そういう意味ではプラスの面もあって、「帳消しかなあ」と思うてはいるんだけどな。

「朝生《あさなま》」でオウムを少し宣伝してしまったところがあったんでね。あの番組には、「議論が強ければ真実だ」みたいに見えるところがあるから、そういう意味の限界が出たわね。幸福の科学のほうが、ちょっと上品だったから、損した面はあったわな。きつい言葉が使えないし、嘘《うそ》もつけないところがあるので、やっぱり弱かった。

そして、「オウムは確信的に嘘をついている」っていうのがマスコミに分かるのに、数年かかったわけだ。

饗庭　はい。一九九五年までかかっています。

田原総一朗守護霊　うん、うん。

言葉のプロであるマスコミ人が、「全部が嘘だ」と分かるのに、数年かかったんだ。すごいよな。「そこまでやれる」っていうのは、ちょっと信じられない。普通《ふつう》、良心っていうのがあるじゃないか。だから、嘘を言ったら、顔に出るじゃない？　ね？

嘘を言った場合、「ごまかしたな」っていうのは分かる。このくらい見抜《みぬ》くのは、マスコミ人なら、みんなできるよ。

ただ、全部が嘘っていうのはねえ……。さすがに、みんな、そこまで宗教を悪と思ってなかったね。「基本的には、善なるものだろうけれども、ときどき変なのが出る」というぐらいには思っておった。宗教学者まで、お墨付《すみつ》きを与《あた》えてたから、ちょっと驚《おどろ》いたよ。

幸福の科学のほうは、あまりにも、サラリーマンが変形したような宗教だったから、宗教学者から見たら、「あれ？　これが宗教か？」っていうようなところもあったしな。現実には嫉妬《しっと》もあったんだと思うけども、「法学部なんかが、文学部のほうの仕事に攻《せ》め込《こ》むな」みたいな感じで、宗教学者たちが〝キック〟してたようには見えたわな。それで、オウムの応援をしちゃったりして、結局、恥《はじ》をかいたけどなあ。

世の中を面白《おもしろ》くする意味で橋下《はしもと》とＡＫＢは一緒《いっしょ》（田原）

田原総一朗守護霊　まあ、マスコミとしては、基本的に中立だから、橋下《はしもと》が成功して上がろうと、撃ち落とされようと構わない。俺は俺で、そりゃあ、桜が咲《さ》くときには「ああ、きれいに咲いたね」と言ってほめるけど、散ったら、「ああ、散ったね」と言って、それで終わりだからね。

特に、何て言うか、「内容的に見て応援してる」っていうわけではなくて、まあ、世の中を面白《おもしろ》くする意味では、ＡＫＢと一緒《いっしょ》さ。ああいう人が、ときどき出てくれないと困るわけよ。

饗庭　なるほど。

田原総一朗守護霊　だから、彼がホリエモン（堀江《ほりえ》貴文《たかふみ》氏）みたいになるか、そうでないほうに行くか。それは、これからの、彼の対処の仕方にもよると思うけどな。

饗庭　はい。

民主党をこぞって応援《おうえん》したマスコミの責任は大きい（饗庭）

饗庭　別に、田原先生をどうこう言うつもりはないのですが、マスコミの責任感としてですね。

田原総一朗守護霊　うーん。

饗庭　例えば、二〇〇九年の衆院選前、マスコミは民主党をこぞって応援《おうえん》していましたし、地上におられた田原先生も、すごい勢いで民主党を持ち上げていたと思います。その結果、日米同盟が危《あや》うくなったり、国難が本格化したりするなど、マスコミの影響力《えいきょうりょく》には、かなり大きなものがありました。

田原総一朗守護霊　うん。

饗庭　それに対する責任について、地上におられる田原先生と守護霊様は、どうお感じになっているのでしょうか。

田原総一朗守護霊　いちおう、チェックするのがマスコミの機能なんだよ。だから、何て言うか、「政治の結果責任のほうは、政治家が基本的には負うものだ」とは思ってるんだよね。

ただ、「その政治家がどういう者であるか」っていう可能性については、いろいろと〝紙つぶて〟を投げ、〝言葉のつぶて〟を投げてだねえ、それをどう受けるか、どうかわすかを見て、「筋」を国民に見せるのが仕事なわけよ。

民主党が失敗しても、マスコミは傍観者《ぼうかんしゃ》の立場（田原）

田原総一朗守護霊　「民主党が失敗した」と言ったけども、結果的にそのとおりだろうと思うが、そりゃあ、人によっては成功した可能性だってないわけではない。オバマさんも「成功した」と言えるかどうかは知らんけれども、（日本の）民主党にオバマさんクラスの人がいたとすれば、あの程度の人気は維持できたと思うんだよ。（オバマ大統領は）完全な失敗とまでは行かないところで、何とか生き延びて二期目に入ったよな？　大統領を八年やれてますから、オバマさんクラスのカリスマがあれば行けたはずだ。

鳩山《はとやま》さんにだって、ちょっと、そういう面はあったんだよ。鳩山家の御曹司《おんぞうし》で、「日本で唯一《ゆいいつ》の超《ちょう》エリート家系」っていう感じだったでしょう？

饗庭　はい。

田原総一朗守護霊　決して、「安倍や麻生《あそう》に負けてる」っていう感じではなかったじゃない？　そういう期待はあったたし、菅《かん》さんは菅さんなりに、また、ちょっと別種の人だったからね。「市民運動家にやらせてみて、どうなるか」っていうのを見てみたかった。

マスコミっていうのは、最初から結論を全部出してるわけではなくて、「やらせてみて、どうなるか」っていうのを見たいんだ。だから、結論は、敵になったり、味方になったり、両方になるものなんだよ。だけど、あくまでも傍観者《ぼうかんしゃ》の立場というか、ウオッチャーでなければいけない面はあるんだよな。

確かに、結果が失敗と見えるかもしらんけど、自民党が失敗したら、急にまた民主党が盛り返してくるんだからさ。そういう部分が政治だからね。これは波と一緒なので、押《お》したり引いたりしてくるから、そんな断定的なことは言えないよ。

佐藤栄作《さとうえいさく》型の「待ちの政治」に変わった安倍《あべ》総理（田原）

饗庭　そうしますと、先ほど、先生は、「劇場型でいかに風を吹《ふ》かすか。いかに面白くするか」というニュアンスのことをおっしゃいましたが、次の仕掛《しか》けというか、

「こうしたら、政界はもっと面白くなる」というお考えを、何かお持ちでしょうか。

田原総一朗守護霊　だからさあ、安倍《あべ》がねえ、いや、安倍と言っちゃいけないよな。安倍総理が二回目になってから、ちょっと老獪《ろうかい》になったな。一回目は、岸信介《きしのぶすけ》みたいだったけど、二回目は、佐藤栄作《さとうえいさく》みたいになってきた。佐藤栄作の長期政権は、七年八カ月かね？　七年以上やったよね？

饗庭　はい。

田原総一朗守護霊　あれは、何にも決めない政治だったんだよなあ。「待ちの政治」と言って、ただただ待って粘《ねば》る官僚《かんりょう》型政治をやったんだな。受け身で、「とにかく、いっぱいいいっぱいまで受けてもたせる」っていうのをやった。安倍さんの今の政治スタイルは、そちらに変わったね。完全に佐藤型に変わった。要するに、長くやって、固めてから、攻め落とそうとしている感じになってきたな。

前回は、強行突破《きょうこうとっぱ》していこうとしたけど、失敗したので、今回は、ゆっくりと攻め落としていこうとしてる。まあ、寝技《ねわざ》で三十秒押さえ込もうとしてる感じかなあ。

「憲法改正は三年後」というのが自民党の本音（田原）

田原総一朗守護霊　五月の連休の前ぐらいから、憲法改正なんかのタカ派発言をし始めたところ、反対派が急速にガーッと強くなってきたじゃない？

饗庭　はい。

田原総一朗守護霊　そうしたら、急にトーンがスーッと落ちてきたでしょう？「あれで十パーセントぐらいは支持が下がったかもしれない」と自分たちで判断してるわけだ。

また、今回、橋下さんが、「従軍慰安婦《じゅうぐんいあんふ》のところへ突っ込んだら、どうなったか」を実験してくれたわけよ。自民党のほうは、あれを見て、「ああ、突っ込めばこうなったんだ。もし、参院選前に右翼《うよく》系で突っ込んだら、ああいうふうになったんだ」ということを見せてもらったわけで、これで、「『勝つ政権』じゃなくて、『負けない政権』にしよう」というふうにシフトしてくる。これを引きずり出すのが、次の仕事になるからね。〝穴のなかに入ったムジナ〟を煙《けむり》でいぶり出さなきゃいけないので、この煙を送るのが次の仕事だな。

饗庭　なるほど。今、それをずっと狙《ねら》っていらっしゃるわけですか。

田原総一朗守護霊　まあ、今、参院選前は、経済だけで戦おうとし始めてるからさ。つまり、株価が六月で落ちてしまって上がらないまま参院選を迎《むか》えれば、勝ちが少なくなるから、「何とか、ここに対策を打たなきゃいけない」っていうところに、ほぼ集結してると思う。「憲法（改正）は、もう三年後でいい。三年後の衆参同時選でやってのける」というところに、頭は移動してきてますね。「長くやったほうが勝ちだ」と思ってる。「その間に、沈静化《ちんせいか》してくる」っていうか、「反対してる人たちのガス抜きもやらなきゃいけない」というふうに考えてるわな。その意味での老獪さが増してきてるわねえ。

饗庭　なるほど。

日本の未来ビジョンはマスコミ人にも必要（饗庭）

饗庭　去年、ＮＨＫ幹部の方の守護霊をお呼びしたのですが（『ＮＨＫはなぜ幸福実現党の報道をしないのか』〔幸福の科学出版刊〕参照）、そのときは……。

田原総一朗守護霊　ああ、そう？　ＮＨＫを？

饗庭　NHKの方です。

田原総一朗守護霊　ふーん。

饗庭　その方々の発言は、「今後、日本がどうなろうと知ったことではない」というような無責任な感じだったのです。

田原総一朗守護霊　NHKはいかんなあ。それはいけないねえ。

饗庭　いかんと思うんですよ。

でも、田原先生は違《ちが》うと思うんですね。要は、「劇場型の政治」でいろいろと盛り上げていくにしても、「日本は、もっとこうあるべきだろう」「こういう日本にしたい」といったビジョンをお持ちなのではないでしょうか。

田原総一朗守護霊　いや、ない。それはないよ。

饗庭　ないですか。

田原総一朗守護霊　ああ、それはない。残念ながらなあ、頭が悪くて、それは無理なんだ。

饗庭　いやあ。

田原総一朗守護霊　頭が悪いの。俺は、本をたくさん書いてるけど、結局、マスコミ人っていうのは、人の褌《ふんどし》で相撲《すもう》を取ってるだけであって、オリジナルな思想家にはなれないんだよ。思想家は思想家で別なので、それほどのビジョンをつくれる能力がある人は、残念ながらマスコミにはいないんだよ。いろんな人の説を紹介《しょうかい》したりすることはできるけども、オリジナルなものを考えていくのは、そういう独創的な思想家なんだよなあ。

4　幸福の科学をめぐる「マスコミの裏事情」

「大川隆法に勝てる」と思うマスコミ人はいない（田原）

饗庭　田原先生は、今まで、「サンサーラ」と「サンデープロジェクト」において、二回、大川隆法総裁と対談されているじゃないですか。

田原総一朗守護霊　うん、うん。

饗庭　大川隆法総裁に対するお考えは、いかがでしょうか。
二〇〇九年に、守護霊として出てきてくださったときは、「国師《こくし》として、舵取《かじと》りをしてくれるんだよな」という見解をお持ちだったと思うのですが。

田原総一朗守護霊　あのねえ、マスコミの裏事情を話そうか。

饗庭　はい。

田原総一朗守護霊　まあ、裏事情で話をすればさ。今、新聞であろうと、テレビであろうと、それから、雑誌、評論家、作家であろうと、「大川隆法と個人で対決して勝てる」と思ってる人は全然いないのよ。「もう勝てない」っていうのは、みんな、だいたい分かってる。

饗庭　はい。

田原総一朗守護霊　昔はね、「宗教っていうのは、教祖一人を撃《う》ち落としたら、だいたい勝ちだ。教祖一人を潰《つぶ》せば、宗教自体が潰れる」と思ってたから、みんな、「大川隆法攻撃《こうげき》、教祖攻撃に絞《しぼ》ればいい」というように考えるわけよ。それで、だいたい政治家もやれるからね。

ところが、今は考えがシフトしてきてるんだよ。つまり、大川隆法個人を攻撃して勝とうとしても、たぶん勝てないので、弟子《でし》たちがやってる活動のところに狙《ねら》いをつけてるのよ。ここの弟子たちのやってる活動でミスが出てきて、へまをするところを批判して、勢力を削《そ》いでいくわけだね。

それは、「直接対決を避《さ》けて、その周りの軍勢をちょっとずつ削いでいく」っていう、ナポレオンを倒《たお》したときと同じ戦い方だ。あるいは、『項羽と劉邦《こううりゅうほう》』の項羽は強すぎるから、周りのほうから落としていって、項羽をだんだん孤立《こりつ》させていく」っていう韓信《かんしん》の「十面埋伏《じゅうめんまいふく》の計」だよな。あの兵法と一緒《いっしょ》だ。

例えば、学園事業だとか、政党だとか、メディア事業だとか、いろんな、弟子たちがやってるものがあるけども、このへんでミスが出てくるのを狙って、勢力を削いでいき、信用を落としていく。今、「積み木を下から抜《ぬ》いていって崩《くず》す」という作戦のほうに移行してるんだよ。だから、まさしく、君たちの連敗記録がどこまで行くか、面白《おもしろ》いね。

饗庭　なるほど。

田原総一朗守護霊　そこを見てるわけだ。

饗庭　うーん。

田原総一朗守護霊　だから、君ら自身が、実は、「その駒《こま》を引いたら、全体がガサッと崩れるかもしれない」っていう、その駒に当たってるかもしれないんだよ。政党のほうがね。

饗庭　はい。

田原総一朗守護霊　「ここ（政治）で、どうしても勝てない大川隆法」って言うと、周りから信用をだんだん崩していけるので、政党のところが、今、いちばんの狙い目。次は学校が狙い目だ。特に大学あたりは狙い目だけど、ほかにも、幾《いく》つかの事業はあるからね。それで、「弟子のところの〝軍勢〟を削いでいく。勢力を削いでいく」っていうのが基本作戦だね。「ここで、大川隆法の信用を落としていって弱らせていく」っていう作戦だな。

　個人でやらせると、おそらく、まだ、十年二十年は敵なしの状態になると思う。勝てない。マスコミ人では勝てないですねえ。今のところ、とても勝てないので、基本的に、「弟子のほうとだったら勝てる」っていう考えだなあ。

柳生石舟斎《やぎゅうせきしゅうさい》は「強い者とは戦わない」主義だ（田原）

饗庭　今、話をされているのは、以前の霊査《れいさ》からして、過去世《かこぜ》の柳生石舟斎《やぎゅうせきしゅうさい》先生ということでよろしいのでしょうか。

田原総一朗守護霊　そうだね。

饗庭　先ほど、「俺《おれ》には、国家のビジョンがないんだ」とおっしゃいましたが、柳生石舟斎先生の立場からすると、「強い者と手合わせをして勝つ」というところに、いちばん中心のコンセプトがおありなのですか。

田原総一朗守護霊　いや、そんなことはないよ。柳生は、他流試合《じあい》を禁じてるところだから、基本的に強い者とは戦わない主義だよ。だから、なかだけでやっとる。

それなら、流派はずっと守れるけど、ほかと外でやったらいくらでも強いのが出てくるから、戦ってるうちに、どこかで負けるさ。年を取ったら負けてくるからね。だから、流派をつくるまでは、いちおう、強さを見せないといけないけど、流派をつくれたら、やっぱり、なかの組織を固めて守り中心にし、他流試合を禁じてるよ。だから、何て言うか、ずっと幕府のお役に立てた。要するに、「宮本武蔵《みやもとむさし》みたいな一匹狼《いっぴきおおかみ》にならずに、流派を築いて長くお役に立てた」ということはあるわな。まあ、その意味での考え方はある。

俺は、喧嘩《けんか》ばっかりしてるように見えるかもしれないけども、流派を築いてからは、わりに保守的なところもあることはあるんだよ。

饗庭　そうですね。組織家というか。

田原総一朗守護霊　うん。今、後進の者を育ててるつもりも、多少はあるんだよ。

饗庭　はい。ありがとうございます。

「二枚目に生まれて政治の道に専念できるか」は厳しい戦い（田原）

田原総一朗守護霊　チェッ。君、ソフト路線で来たなあ。これは面白くねえなあ。

饗庭　すみません。時間ですので、私のほうは、そろそろ終了《しゅうりょう》させていただいて（笑）。

田原総一朗守護霊　あらあ、君ぃ、逃《に》げ切るなあ。

饗庭　いえ。とんでもない（会場笑）。

田原総一朗守護霊　全然、打ち込《こ》ませてくれないじゃないか。ええ？

饗庭　いやいや、とんでもない。私には、訊《き》きたいことが、本当はもっとたくさんあるのですが。

田原総一朗守護霊　そうだろう？　ＡＫＢの次にもあるわなあ。

饗庭　ええ。そうですね。

田原総一朗守護霊　それはあるわねえ。「君は、どのくらい若い女性の修行《しゅぎょう》をなされたのか」とか。

饗庭　いえいえ。

田原総一朗守護霊　もう突《つ》っ込むのは、いくらでもできる。材料はあるんだよ。

饗庭　失礼しました。

田原総一朗守護霊　ええ？　そういうのに関心を持つっていうことはあるだろうし、その顔でもてないわけないだろう？　君ぃ。ええ？

饗庭　いえいえ。とんでもないです。

田原総一朗守護霊　まあ、政治家にとっては、いちばん厳しいあたりだよ、このへんの〝弾《たま》〟は。

「二枚目に生まれた」っていうのは、宿命だからねえ。政治家として偉《えら》くなりたい。でも、「二枚目に生まれた」っていう宿命から逃《のが》れられない。女のほうから紙つぶてが飛んでくる。これを、どう打ち返して、政治の道に専念できるか。これは厳しい戦いだねえ。

饗庭　おっしゃるとおりです。

田原総一朗守護霊　はっきり言って、君は、宗教のなかにいて、とても浮《う》いてるように見えるよ。

饗庭　はい。

田原総一朗守護霊　だから、悪魔《あくま》からでも非常に狙いやすいと思うね。宗教にいて、みんなの禁欲路線にとてもついていけず、もう浮き上がってるのが、はっきり見えるよ。この浮き上がってるやつを、しょうがないから、どこか使う道がないか考えたら、「政治のところで使うしかねえな」と、誰《だれ》もが考えてしまうよね？　本人も、そういう権力への意志を強く持ってるらしい。女性からも、もてる。スターになりたい。となると、ここ（幸福実現党）は、いいなあ。

だから、君が教団を潰す可能性も十分にあると思うな。たぶん、君一人で潰す可能性があるから、微妙《びみょう》に智慧《ちえ》を使わないと危険なところだねえ。

饗庭　おっしゃるとおりです。

田原総一朗守護霊　だからねえ、「二枚目に生まれる」っていうのも、つらいことはつらい。俺みたいな変わり者って、みんな、もう見ただけで怖《こわ》がっちゃって……。

饗庭　いや、田原先生は、いい顔をされていますよ。

田原総一朗守護霊　そんなことないよ。

饗庭　ものすごく味があります。

田原総一朗守護霊　君、口がうまくなったわ。ほんとにうまい。

饗庭　いいえ。本当に、そうなんです。

田原総一朗守護霊　昔も、いい言葉をしゃべってたけども、昔よりお世辞《せじ》がうまくなったよなあ。

饗庭　とんでもないです。自分は、あまりお世辞を言えるタイプではないんですよ。

田原総一朗守護霊　そうかなあ。

饗庭　嫌《きら》いな人は嫌いなのですが、「素晴《すば》らしい」と思う方に対しては違《ちが》います。

田原総一朗守護霊　ああ……。

饗庭　先ほどの小林《こばやし》先生に対してもそうなのですが、尊敬すると、どうしても、こういう口調になってしまうのです。

「人を育て、人を使う」ことが親分になる道〈田原〉

田原総一朗守護霊　だけど、君は、「自分を引き上げてくれるタイプの人」をほめるところに、頭が回ってるけども、そうじゃなくて、「自分が引き上げる人」のほうをほめるのが足りないんじゃないかな。

饗庭　下の立場の方《かた》ですか。

田原総一朗守護霊　それをやらないと、要するに、派閥《はばつ》の領袖《りょうしゅう》にもなれないし、党首にもなれないんだよ。なあ?

饗庭　うーん……。

田原総一朗守護霊　君が党首になったときだって、ポスターとかを見て、「おっ！かっこいいのが出たかな」と思ったら、スッと消えちゃった。これが幸福実現党の負けの始まりなんだからさ。あれでスーッと行っとれば、「おっ！」と乗ったかもしれないのに、君が党首になって、みんな、「おっ！　かっこいいのが出た。これは行けるかな」と思った瞬間《しゅんかん》に、スッと外されたからさ。

饗庭　はい。

田原総一朗守護霊　あれが、幸福実現党の負けの始まりだとは思うんだけども、君がスッと外されたのには、おそらく、理由があると私は思うんだよ。君には、たぶん、下の者たちを引き立ててやる能力がないんだと思う。違うか。

饗庭　はい。修行不足だと思います。

田原総一朗守護霊　うん。まだねえ、自分がほめられ足りてないんだよ。自分より偉くて、年上で、経験があって、権威《けんい》のある人たちに、もっとほめられたい。もっともっとほめられないと満腹しないから、まだ、そちらのほうに関心があって、自分よりあとから来てる者や、下より来る者を引き上げてやったり、ほめてやったりして、育ててやるだけの心の余裕《よゆう》が、まだないんだよ。だから、「党首の器《うつわ》でない」というふうに感じられたんだと思うんだよな。そのへんのことぐらいは、俺だってすぐ分かった。

饗庭　ありがとうございます。

田原総一朗守護霊　すぐ分かっちゃった。

饗庭　はい。

田原総一朗守護霊　でもまあ、幸福実現党の敗北の端緒《たんしょ》には、少なくともなったわな。だから、そのへんのところをもう一回りやらないといけない。結局、「人を育

料金受取人払郵便

赤坂支店
承　認

5196

差出有効期間
平成26年5月
5日まで
（切手不要）

1078790

112

東京都港区赤坂2丁目10−14
幸福の科学出版（株）
愛読者アンケート係 行

フリガナ お名前	男・女	歳
ご住所 〒 都道府県		
お電話（　　）　−		
e-mail アドレス		
ご職業 ①会社員 ②会社役員 ③経営者 ④公務員 ⑤教員・研究者 ⑥自営業 ⑦主婦 ⑧学生 ⑨パート・アルバイト ⑩他（　　）		

ご記入いただきました個人情報については、同意なく他の目的で使用することはございません。ご協力ありがとうございました。

愛読者プレゼント☆アンケート

『田原総一朗守護霊 vs. 幸福実現党ホープ』のご購読ありがとうございました。今後の参考とさせていただきますので、下記の質問にお答えください。抽選で幸福の科学出版の書籍・雑誌をプレゼント致します。(発表は発送をもってかえさせていただきます)

1 本書をお読みになったご感想
(なお、ご感想を匿名にて広告等に掲載させていただくことがございます)

2 本書をお求めの理由は何ですか。

①書名にひかれて　②表紙デザインが気に入った　③内容に興味を持った

3 本書をどのようにお知りになりましたか。

①新聞広告を見て [新聞名：　]
②書店で見て　③人に勧められて　④月刊「ザ・リバティ」
⑤月刊「アー・ユー・ハッピー？」　⑥幸福の科学の小冊子
⑦ラジオ番組「天使のモーニングコール」「元気出せ！ ニッポン」
⑧BSTV番組「未来ビジョン」　⑨幸福の科学出版のホームページ
⑩その他 (　)

4 本書をどちらで購入されましたか。

①書店　②インターネット (サイト名　)
③その他 (　)

5 今後、弊社発行のメールマガジンをお送りしてもよろしいですか。

はい (e-mailアドレス　)・いいえ

6 今後、読者モニターとして、お電話等でご意見をお伺いしてもよろしいですか。(謝礼として、図書カード等をお送り致します)

はい・いいえ

弊社より新刊情報、DMを送らせていただきます。新刊情報、DMを希望されない方は右記にチェックをお願いします。　□DMを希望しないてる」っていうのと、「人を使う」っていうのが親分になっていく道だからさ。

饗庭　はい。

田原総一朗守護霊　ここが足りないよな。これは勉強しなきゃいけないところだよ。

5 日本に「宗教政党」は必要か

「マスコミ・政治・宗教の関係」は大きなテーマ（釈）

及川　田原先生、そろそろ、こちらに回していただけないでしょうか（笑）。

田原総一朗守護霊　君らは、もう終わったんじゃないの？

及川　次に、あと二人いますので（会場笑）、釈さんから……。

田原総一朗守護霊　ああ、そうか。

田原総一朗守護霊　ああ、君が……。よく座《すわ》ってるねえ。キャスターかと思ったよ。

釈　いえ。今日は、このような機会を頂きまして、本当にありがとうございます。

田原総一朗守護霊　なんか、この前、あれじゃないか。首相に噛《か》みついてたじゃん（『安倍《あべ》新総理スピリチュアル・インタビュー』〔幸福実現党刊〕参照）。

釈　あのときは、すごく頭にきまして……。

田原総一朗守護霊　怒《おこ》って毒づいてたよな。

釈　はい。

田原総一朗守護霊　〝毒素〟を、今日、僕《ぼく》に吹《ふ》きかけるつもり？

釈　いえ、今日は、マスコミ界のグランド・マスターということで、本当にありがたい機会であると思っています。

田原総一朗守護霊　アッハハハハ……。なかなか、みんな上手になっちゃって、もう駄目《だめ》だ。今日は駄目。田原総一朗を〝砂糖水〟に浸《つ》けるつもりだな、これは。アッハハハ（会場笑）。やられたあ。その手で来たか。うーん……。

釈　日本の未来を考えたとき、「マスコミ・政治・宗教の関係をどうしていくか」というのは、とても大きなテーマだと思います。

宗教団体として十倍の規模があれば、政治でも勝てる（田原）

田原総一朗守護霊　うーん、そうかねえ。まあ、そうでもないんじゃない？　みんな、別に必要としてないんじゃない？　挑発《ちょうはつ》的に言うけど。

釈　何を必要とされないのですか。

田原総一朗守護霊　宗教だよ。宗教は宗教をやっとりゃいいんじゃないの？　宗教のなかで伝道して教団を大きくしたら、それでいいじゃない？　まだ使命は終わってないでしょ？　日本中信者になってないじゃないの？　なぜ、途中《とちゅう》で放り出して政治なんかやっちゃうわけよ。

釈　放り出して政治をやっているわけではありません。

田原総一朗守護霊　（饗庭を指して）いや、こういう人が、もう宗教はできないからって、わざわざ政党をつくってやる必要なんかないわけよ。

釈　日本に新しい未来を拓《ひら》きたいんですよ。

田原総一朗守護霊　ほんとかねえ。

釈　そのために、どうしても政治に……。

田原総一朗守護霊　いやあ、そんなことない。宗教の団体として十倍ぐらいの規模がありゃあ、政治も簡単に勝てちゃうんじゃないの?

幸福の科学は宗教をはるかに超《こ》えた存在（釈）

釈　ところで、今、田原先生は、中国や北朝鮮《きたちょうせん》について、どうお考えですか。

田原総一朗守護霊　宗教がさあ、「核《かく》ミサイルをつくって、撃《う》ち込《こ》め！」なんて、そんなの、君、恥《は》ずかしくて言えんよ。あんた、これは、宗教の基盤《きばん》を極《きわ》めて揺《ゆ》るがす発言になるよ。これは政治家に言わせなければいけないことであってね。

釈　幸福の科学には、宗教であって宗教ではないところがあります。

田原総一朗守護霊　ああそうか。宗教であって宗教でない。いや、どっかで聞いたような言葉だなあ（会場笑）。

釈　（笑）

田原総一朗守護霊　「大川隆法であって、大川隆法ではない」なんて（笑）……。

釈　宗教を超《こ》えている存在なんです。

田原総一朗守護霊　俺《おれ》も、田原総一朗であって、田原総一朗じゃねえんだよ。

釈　幸福の科学は、宗教をはるかに超えている存在ですので……。

田原総一朗守護霊　おおっ！　言ってきたな。よし！　言ってきた。宗教をはるかに超えている存在。ほうら、言ってきた。

幸福実現党は「天皇制」を外すつもり？（田原）

田原総一朗守護霊　それじゃあ、宗教と政治の問題だったら、天皇制は、どうするつもりよ。はっきり言ってよ。結論は？

釈　やはり、二千年以上の歴史を持つ皇室は……。

田原総一朗守護霊　嘘《うそ》をつくな！

釈　え？

田原総一朗守護霊　あなたがたの憲法試案を見たら、絶対、天皇制を外すつもりだよ。あれは消すつもりだ。

釈　いや、それは、見えていないところがおありなのではないですか。

田原総一朗守護霊　ほんとかな?

釈　大川総裁の「新・日本国憲法 試案」は、真実の智慧《ちえ》に基《もと》づいておりますので（『新・日本国憲法 試案』〔幸福の科学出版刊〕参照）。

田原総一朗守護霊　ふーん。

釈　田原さんは、今後、日本を、どのくらいまでもたせたいと思っていますか。

田原総一朗守護霊　「今上《きんじょう》天皇に代わって、大川隆法が死刑《しけい》になってあげる」という宣言なのか？

釈　いや、そういうことでは……。

田原総一朗守護霊　それなら、それなりに、はっきり書いてくれると、すっきりするよ。ああ、男らしい、それは。

「今上天皇を死刑にさせるわけにはいかないので、大川隆法が、あのアニメ（映画「神秘の法」〔製作総指揮・大川隆法。二〇一二年公開〕）みたいに十字架《じゅうじか》に架かり、中国軍にバンバンバンバンバンと撃ち殺されて、救世主として生き返る。これをやってみたい」というなら、はっきりしてるから、そのストーリーなら私は納得《なっとく》する。

釈　とんでもないです。

「世界宗教発祥《はっしょう》の地」になることが日本の使命（釈）

釈　幸福の科学は、日本をも超えた存在で、世界宗教を目指しております。私が中国に行ったときに、「安倍さんの日本に対して、中国人が拳《こぶし》を下ろす理由はない」ということを聞きましたが、「仏陀再誕《ぶっださいたん》の国」が日本でありますし、「世界宗教の発祥《はっしょう》の地」になることが日本の使命だと思っておりますので……。

田原総一朗守護霊　でも、逆の考えもあるんじゃないの？　仏教は、中国からも、だいぶ来たわけだから、「中国を仏教の国に戻《もど》そうとして、耕す」という考え方だってあるんじゃないの？

釈　中国が逆輸入する考えですね。再誕の仏陀は日本におられますから。

田原総一朗守護霊　だけどさあ、ユニクロだって中国で頑張《がんば》って踏《ふ》みとどまり、広げようとしてるんだからさ。

ユニクロの本も出すんだろう?（『柳井正《やないただし》社長の守護霊インタビュー　ユニクロ成功の霊的《れいてき》秘密と世界戦略』〔幸福の科学出版刊〕参照）「ユニクロの店に、うちの職員を一名ずつ駐在《ちゅうざい》させてください」と言って、ユニクロの店員のふりをし、ユニクロのなかにもちょっと本を置かせてもらって、伝道したら、中国を耕せるかもしれないじゃないの。え?

釈　そんなことは、あるわけないです。

「勝てない相手とは戦わない」のが剣豪《けんごう》の極意《ごくい》（田原）

釈　私たちは、「日本の未来を拓きたい」という一心なんです。どうすれば勝てるか、アドバイスを頂きたい。

田原総一朗守護霊　勝たなくてもいいじゃない?　戦わなければ済むことだ。

釈　それは、「負ける」ということです。

田原総一朗守護霊　勝てない相手とは戦わない。それが剣豪《けんごう》の極意《ごくい》だよ。

釈　それは剣豪にとっての正義かもしれません。

田原総一朗守護霊　宮本武蔵《みやもとむさし》が勝ったのは、自分より強い相手と一度も戦わなかったからだよ。

釈　では、日本に対する責任については、どうお考えですか。

田原総一朗守護霊　いや、だから、戦いが起きなければ、十分、責任は守れるじゃない？

釈　お！　そう来ますか。

田原総一朗守護霊　うん。これは朝日の基本論調だからね。これを破ってごらん。

釈　本心で、そう思っておられるのですか。

田原総一朗守護霊　朝日は、「戦わないで、平和を維持《いじ》する」ということが基本方針だ。

今の若い人は、新聞を読まず、テレビも観《み》ない（釈）

釈　そんな朝日新聞を読んで納得する学生や若い人は、一人もいません。

田原総一朗守護霊　学生は、みんな朝日新聞を読んでいるよ。

釈　読んでいないですよ、もう。

田原総一朗守護霊　いやあ、試験によく出るから。「大学入試に出る」って、長年洗脳をかけてるよ。

釈　試験に出るために、学生は、読むかもしれませんけれども……。

田原総一朗守護霊　國學院《こくがくいん》に行く人たちは読まないので……。

釈　（苦笑）読まないかもしれませんが、それは、産経新聞や読売新聞でも同じです。

田原総一朗守護霊　うーん。

釈　今は、インターネットの世界になってきていて、テレビも観《み》ない学生や若い人が増えています。

田原総一朗守護霊　うん、うーん。

釈　ですので……。

田原総一朗守護霊　だから、朝日みたいなのは貴重な存在なんじゃない？　そういうヘソが曲がったことを言い続けてるのは、とても貴重なんじゃない？

釈　（苦笑）いや。

田原総一朗守護霊　え？

「私憤《しふん》」ではなく、「公憤《こうふん》」が世の中を変える（釈）

釈　そういうマゾで行くんだったら、日本は……。

田原総一朗守護霊　ほらほら。そろそろ〝毒〟を吐《は》くぞ。

釈　いえ、すみません。

田原総一朗守護霊　ほら、さあ来い。さあ来い。それを待ってるんだ、その一言を。来い！　はい！　はい！（会場笑）

釈　（苦笑）いや、もう……。

田原総一朗守護霊　猛女炸裂《もうじょさくれつ》！

釈　はい。そうやって「猛女」というのを取り上げていただけるのはありがたいと思います（『猛女対談 腹をくくって国を守れ』〔幸福実現党刊〕、『勝手にモージョ相談処』〔青林堂《せいりんどう》刊〕等参照）。

「我慢《がまん》できない」というところを言わせていただくと……。

田原総一朗守護霊　おお。宗教で修行《しゅぎょう》したけど、我慢できないようだね。

釈　はい。もう、我慢できないところがあります。

田原総一朗守護霊　じゃあ、あんたも、(饗庭と)同じ仲間なんだね。

釈　そうかもしれません。はい。

田原総一朗守護霊　アッハハハハハ……(会場笑)。宗教は、怒《いか》りを抑《おさ》えるのが、基本的な修行じゃないの？

釈　そうですね。

田原総一朗守護霊　心の平静、不動心《ふどうしん》。これが大事なんでしょう？　それが、カーッと怒って、「おのれ、中国許すまじ！　北朝鮮ぶっ潰《つぶ》したるぞ！」って、これが宗教の方法？

釈　ただ、宗教のなかにも怒りがあるんですよ。それを「公憤《こうふん》」といいます。

田原総一朗守護霊　ほおお！

釈　自分のことに関する私憤《しふん》とは違《ちが》って、公憤が世の中を変えるんですよ。

イスラム教の〝公憤《こうふん》〟は世界的な問題になっている（田原）

田原総一朗守護霊　ああ、イスラム教なんかも〝公憤《こうふん》〟だらけなんじゃない？

世界的な問題になっているでしょう？　その〝公憤〟が。

釈　それが世界的に是認《ぜにん》されるかどうかは、その公憤の根拠《こんきょ》にある「正義感」にもよると思います。

田原総一朗守護霊　うーん。

釈　自分たちイスラム教の民族だけを守る「正義感」なのか、それとも、地球に生きておられるすべての方の……。

田原総一朗守護霊　いやあ、俺はイスラム教には〝公憤〟をやめていただきたいなあ。

釈　うーん。それは確かに……。

田原総一朗守護霊　ああ、ああ。

釈　このイスラム教のなかにある考え方に対しても、幸福の科学は、これから世界宗教として挑戦していきたいと思っています。

田原総一朗守護霊　「一部の過激派が動いてる」という言い方は、いくらでもあるんだけどさあ、そうは言ったって、イスラム教が入ったところは、どこも争いが起きるじゃないの。ねえ？

釈　イスラムは、本来、「平和」という意味です。

田原総一朗守護霊　うーん、看板っていうのは、だいたい嘘が多いからね。その正反対のことをやることが多いからねえ。

釈　はい。

強い姿勢を持つことで、平和を維持《いじ》できる（釈）

田原総一朗守護霊　あなたがたも、〝幸福平和党〟に変えたらいいんだ。そうすると票が入るかもしれない。

釈　「平和を実現したい」という一心なんです。

田原総一朗守護霊　そうなんだ。

釈　私も平和は大好きです。

田原総一朗守護霊　平和を持ち来《きた》らすために、敵を倒《たお》してしまうもんね？

釈　いや、そういうことではなくて、強い姿勢を持つことによって、逆に、平和を維持《いじ》できることがありますよね？

田原総一朗守護霊　ふーん。

釈　例えば、警察官がいなかったら、何かあったとき、どうやって家族を守るんですか。

田原総一朗守護霊　だけど、日本が強くなろうとしたら、アメリカは日本を守ろうとしなくなるかもしれないよ。アメリカ軍と同じだけの戦力を日本がつくろうとしたら、大変なことになるかもしれないよ。

釈　アメリカとは、しっかり手を握《にぎ》らないといけないと思います。

アメリカと中国が同盟を結んだら怖《こわ》い（田原）

田原総一朗守護霊　アメリカと中国が手を握って、「日本を何とかして押《お》さえ込まなければいけない」と、急速に同盟を結んだら、どうするの？　君。

釈　それは大変なことですね。

田原総一朗守護霊　怖《こわ》いよ。

釈　「中国や北朝鮮は、右手で握手《あくしゅ》をしたら、左手で頬《ほお》を叩《たた》くような国だ」ということを言う方もいます。また、戦後に中国で生活された方の話ですが、「日本のことをすごくバカにされたときに、その中国人と喧嘩《けんか》をして、噛みついてでも勝ったら、相手が、『おまえ、やるな』と言って、初めてまともに話をしてくれた」という事例もあるようです。

田原総一朗守護霊　君も、闘犬《とうけん》の世界かあ、とうとう。

釈　闘犬？

田原総一朗守護霊　闘犬ってねえ、犬と犬とを喧嘩させるの。土佐《とさ》で流行《はや》ってるよね、昔から。

釈　なぜ闘犬なんですか！

田原総一朗守護霊　なんか、噛ませるんでしょう？

釈　いや、「噛ませる」とかいうことではなく、「日本を守るために、どうしたらいいか」という話をしています。

田原総一朗守護霊　うーん。まあ、別にいいんじゃないの？　あなたは中国に行って、中国の人と仲良くなって、中国でスターになったらいいよ。

釈　いや、もう……（苦笑）。

田原総一朗守護霊　日本から文化を輸出しなくちゃいけない。中国語をしゃべれる日本の……。

釈　あなたはマスコミ界のグランド・マスターなんですから、もう少しまともなことをおっしゃってください！

田原総一朗守護霊　うわ！　猛女炸裂（会場笑）。いい（拍手《はくしゅ》する）。やっと出てきた。面白《おもしろ》い、面白い。もっと言え、もっと言え。さあ、もっと来い。

日本について心配なのは、自分が死ぬまでの間だけ（田原）

釈　もう七十九歳《さい》でいらっしゃるんですから、これからの日本について心配ではないですか。

田原総一朗守護霊　私（本人）が死ぬまでの間だけが心配です。もうあと一歳か二歳か、もう、いつ逝《い》くか分からないからねえ。

釈　それだけでいいんですか。

田原総一朗守護霊　だから、あと一、二年は大事にしなきゃいけないねえ。

釈　そういう方に、日本の国について語る資格はないと思います。

田原総一朗守護霊　おお、乗ってきたねえ。面白いねえ。もっと言おう。

釈　（苦笑）

田原総一朗守護霊　そう。語る資格はないねえ。だから、説教してよ。

釈　いや、説教をするつもりは……。

田原総一朗守護霊　さあ、不成仏霊《ふじょうぶつれい》になりそうな七十九歳をどうやって成仏させるか。頑張れ。

釈　このままだと不成仏霊になるとお思いですか？

田原総一朗守護霊　なるなる。きっと、あなたに取り憑《つ》く（会場笑）。

「幸福の科学に悪いことをした」と反省したマスコミ（田原）

釈　結局、幸福の科学に対する悪いイメージは、二十数年前、オウムと対決した「朝まで生テレビ！」から始まったと思います。

田原総一朗守護霊　そうなんですか。

釈　「あの番組を観て、幸福の科学に対して、ものすごく悪い印象を持った」と言う方が、この間いらっしゃいました。

田原総一朗守護霊　あらまあ……。

釈　その方と少しお話をさせていただいたところ、「ずいぶんイメージが変わった」とおっしゃっていただきました。

今、政治の活動で接触《せっしょく》させていただく方々に、マスコミで流れた誤解、偏見《へんけん》等を引っ繰《く》り返したいと思っているところです。

田原総一朗守護霊　君ねぇ、それは一知半解《いっちはんかい》だね。部分だけを聞いて全体を見てるんだ。幸福の科学が九一年に出て、オウムとか、ほかのも連れ上がりした。九二年は統一協会《とういつきょうかい》の年だったね。

釈　はい。

田原総一朗守護霊　そのあと、しばらくしてから、オウムがもう一回、騒動《そうどう》を起こしたね。

釈　はい。

田原総一朗守護霊　この経過を通して、マスコミが何を見てきたかっていうことだ。九二年に統一協会が、「そろそろ宗教がテレビに出てもいい時代なんだ」と思って出てきたら袋叩《ふくろだた》きにあって、（統一協会信者の）桜田淳子《さくらだじゅんこ》っていう人が、「同じ宗教なのに、なんでこんな扱《あつか》いをされるのか、さっぱり分からない」と言っていた。あのころ、マスコミ界は、全体的に、「幸福の科学に悪いことをしたのではないか」と思っていた。

釈　フライデー事件ですよね。

田原総一朗守護霊　ただ、その反省を言葉に出して発表はしないけど、マスコミには、「統一協会みたいな悪いのがいたんだったら、幸福の科学はすごくまともだったのではないか」という気持ちがありましたね。

オウムには「軍事的な戦略性」があった（田原）

釈　オウムに対して命懸《いのちが》けで戦ったのが幸福の科学です。

田原総一朗守護霊　宣伝が下手だから、十分に伝わっていないね。

釈　大川総裁も、VX《ブイエックス》ガスで狙《ねら》われたりしました。

田原総一朗守護霊　ああ。

釈　あるいは、オウムの建物に対してデモをしたり、假谷《かりや》さん（目黒《めぐろ》公証役場事務長）の拉致《らち》現場を目撃《もくげき》して、「救出活動をすべきだ」と警察に訴《うった》えたりしたのも幸福の科学です。後日、警察から感謝状も授与《じゅよ》されました。

田原総一朗守護霊　NHKだって、オウムの幹部だったやつの灘《なだ》高の同級生がいたからさあ、九三年から九四年あたりは、島田《しまだ》（裕巳《ひろみ》）さんを引っ張り出して、逆張りしていた。事件が起きたあと、知らん顔をして逃《に》げ延びてるんだけど、オウムを擁護《ようご》しようとするような動きが、ＮＨＫのなかにあったわけで、彼らの洗脳度のほうが高いわけよ。

あなたがたのほうは、けっこう孤立《こりつ》していることが多くてね。彼らは、わりあい、軍事的な戦略性があったと思うなあ。

釈　うーん。

田原総一朗守護霊　そうとう攻《せ》め込んでいく戦闘態勢に、基本的になってたわなあ。だから、何とか幸福の科学のほうを悪者に仕立て上げて生き延びようとしたところがあるし、オウムは立候補して総選挙をやったのは事実だ。あなたがたは、ずいぶん後《おく》れてそれをやったから、オウムのまねをしてるように見える。

立候補したのは創価学会《そうかがっかい》とオウムしかなかったわけだから、そういうのを亀井静《かめいしず》香《か》も攻撃《こうげき》してたよな。

そこに、幸福の科学も出てきてしまった。これに何の違いがあるか。「一般《いっぱん》の人に説明せよ」と言われても、創価学会とオウムと幸福の科学の違いを説明できなくなってきたわな。

釈　内容に違いがあります。かたちとしては同じように見えているかもしれませんが、ここは何としてでも、私たちの真意を理解していただきたいと思います。もし、七十九歳で、ご帰天《きてん》が近いと思われるのであれば、ぜひ、応援《おうえん》のほどを、お願いいたします。

本音を言わずに仕事をするのが「大人の姿勢」(田原)

田原総一朗守護霊　僕らは、いちおう、本を読んだりさあ、そういう情報分析《ぶんせき》をするプロなのよ。

釈　うーん。

田原総一朗守護霊　だから、「大川さんが発信しているものが、どのレベルか」なんていうのは、とっくに分かってるのよ。それは、君らより、よく分かってるのよ。九一年から分かってる。君らよりも、私たちのほうがよく分かってるんだけど、ただ、そういう本音を言わないで仕事をするのが、大人なんだよ。

釈　その「本音を言わない大人の姿勢」というのが、今の自民党の安倍総理のスタイルだと言われています。

田原総一朗守護霊　まあ、そうだね。そういうところもあるかもしれない。マスコミは、やじろべえみたいに、どちらでも振《ふ》れるようにバランスを取れるから、生き延びてるわけで、片方に完全に止まったら、あっという間に潰れる。

釈 でも、そういう「大人の姿勢」で、本音を言わないままで、よいのですか。

田原総一朗守護霊 君らは勇敢《ゆうかん》だからいいけどさあ、例えば、朝日新聞に、「中国を打倒《だとう》する核戦力を持て！ 北朝鮮をぶっ潰せ！」と、連日、一面に書かせたいわけ？ 戦争中とまったく同じ状態になるんだよ。

釈 鐘《かね》や太鼓《たいこ》を鳴らすような報道の仕方ではなく、普通《ふつう》の国のあるべき姿を取り戻そうと……。

単純に押《お》すだけでは済まないのが政治の難しさ（田原）

田原総一朗守護霊 「普通の国」というのは、小沢一郎《おざわいちろう》も言ったことだよな？

その「普通の国になろう」と言った人が、ああやって民主党に辿《たど》り着くまでに、「左」のほうへと流れていったりして、〝不良〟をいっぱいしてるわけでさ。政治家だっていろいろ変わってくるわけよ。

安倍さんだって、日本を普通の国にしようとして、七十パーセントの支持率をもらってやってたのが、反撃がちょっと出てき始めたら、あっという間にシューンと縮んで、ナメクジみたいになってきてるでしょう?

なかなか難しいわけよ。これは、単に善悪の問題ではないんだよ。「生きている大勢の人間の想念の集合体をどう判定するか」という問題で、メディアはけっこう遠目に見ているんだ。みんながどういうふうに見るかをね。

例えば、あんた(饗庭)の先生の小林《こばやし》(節《せつ》)さんは、「憲法九条改正ならいいけど、『九十六条を改正し、手続法上、二分の一(過半数)の賛成で改正できるようにする』というのなら、憲法学者としては許せん」と言っている。憲法を法律と同じレベルに置くのと一緒《いっしょ》だから、これなら与党《よとう》はいつでも憲法改正ができちゃうよな。

下手したら、政権交代があるたびに憲法改正が起きてしまうからね。これは大変なことだよな。憲法学者としては由々しい事態だ。

ただ、安倍さんは、自分が永遠に〝帝王《ていおう》〟をするような気分でいるからさ、自分たちにとってやりやすいようにやろうとしてるだけのことだろう？　これは、「勉強が足りん」と思って腹が立ってくるわね。「慶応《けいおう》に入って勉強せえ」と言いたくなるわなあ。

このへんがワアワア言い始めて、朝日新聞に小林節さんのインタビュー記事が載《の》るような時代が来てしまったからさ。これは危ないわな。

やっぱり、そのへんの難しさはあるよ。

君らは、単純に押《お》していくけど、それだけでは済まない部分があって、大きくなればなるほど難しくなってくる。

党内だって、まとめられなくなってくるよ。今は小さいからいいけど、大きくなると、いろんな人が入ってくるようになる。君らが望んでるよりも、いろんなところから馳《は》せ参じて集まってくる。「維新も潰れた」「みんなの党も潰れた」と言って、いろんなところの国会議員が流れ込んでくると、初めて、この難しさが分かるようになってくる。要するに、言うことをきいてくれない。

釈　なるほど。そうですね。

田原総一朗守護霊　考え方が違うからね。

釈　説得の段階論があると思いますので、そのあたりを考えて言及《げんきゅう》していきたいと思います。ありがとうございます。

池田《いけだ》を守るために宗教政党の旗を降ろした創価学会《そうかがっかい》（田原）

田原総一朗守護霊　だから、どうするんだよ。例えば、「大川隆法さんはいいことを言ってるような気はするけれども、宗教家を、そんなに尊敬する気はない。ただ、釈さんが党首になったときは、釈党首の言うことだけは信じたいので、宗教は信じてないが、政治的にはついていきたい」という人が増えてきたとき、幸福実現党は、どうなるんだね？

釈　やはり、宗教政党というところを前面に……。

田原総一朗守護霊　（宗教政党の）旗を降ろさなきゃいけなくなるんじゃないの？

釈　いや、とんでもないです。

田原総一朗守護霊　創価学会《そうかがっかい》は旗を降ろした。「いちおう政教分離《ぶんり》でやらなければ、池田《いけだ》（大作《だいさく》）を国会喚問《かんもん》する」と言ったらね。

釈　なるほど。

田原総一朗守護霊　「政教一体だったら、池田に責任がある。池田の命令の下《もと》に政策も人事も全部動いているなら、政党の責任者じゃないですか。だったら、池田を国会喚問する」と言ったら、「それをやらせたらいけない。守らなければいけない」というので、あっという間に取り引きが始まった。

釈　はい。

弟子《でし》が肚《はら》を決めてやっていくべき時代が来る（饗庭）

田原総一朗守護霊　あなたがたは公党じゃないからいいけども、今のままだったら、「霊言《れいげん》まで出して政策を決めているんだったら……」ということで、同じ手を使い、

「大川隆法の国会喚問」を絶対かけてくるねえ。

釈　なるほど。

田原総一朗守護霊　もしかしたら、この人は、一回目は出るかもしれない。ただ、毎回呼び出されてたら、宗教の仕事ができなくなってきて、宗教のほうが潰れるかもよ。「政党を守って宗教が潰れる」という可能性が出てくる。

だから、どこかで、表向きにせよ、政教分離にしなければ収まらなくなってくる。創価学会も、あれだけの勢力をもってしても、やはり分けて見せなければいけなかった。裏で通じてるのはみんな知ってるけど、表向き、建前《たてまえ》は、「違う」ということにしなければ、生き延びることはできなかった。はたして、君らに、それを超える力があるかどうかだ。

饗庭　そうですね。守らなければいけないというか、弟子《でし》のほうで、肚《はら》を決めてやっていかなければいけない時代が来るという気はします。

田原総一朗守護霊　うーん。そうだね。

饗庭　はい。

幸福の科学に対し「嫉妬《しっと》の塊《かたまり》」になっている他の宗教（田原）

田原総一朗守護霊　それだったら、逆に言えば、今、伝道に集中して、信者をもっともっと増やしておくほうが大事かもしれないですけどね。

釈　宗教政党の必要性をお伝えしていくことに、もっと……。

田原総一朗守護霊　君たちには、見落としてるものもあるよ。日本には宗教がたくさんあって、「幸福の科学だけが、どれだけいい格好してるように見えてるか」ということを、君らは客観的に見えていない。

釈　うーん。なるほど。

田原総一朗守護霊　ほかの宗教からは、まあ、一部ほめてくれるところもあるとは思うよ。「すごい、すごい」と言ってくれるところもある。それは競争心の少ない寛容《かんよう》なところだよね。

だけど、競争してるつもりのところもたくさんあって、（幸福の科学に対して）嫉妬《しっと》の塊《かたまり》で、マスコミとほとんど変わらない状態、週刊誌の状態にある宗教もあるわけだから、「宗教政党として、宗教の意見を代表して言ってる」とは、必ずしも思われてない。

やはり、宗教のなかにも、「（幸福の科学は）自分の宗教を広げるために、政治に進出している。『国家の予算まで使って宗教活動をやりたい』と思ってるのじゃないか」と疑ってる人はいるわけだよな。宗教を信じてない人もいるけど、宗教を信じてる人のなかにも、そういう人がいる。

各宗教に、統計、アンケートを取ったわけじゃないけども、快く思ってるところばかりではないと思うよ。

幸福実現党の政策は「普遍《ふへん》の真理」と一致《いっち》している（釈）

釈　幸福実現党の政策は、「普遍《ふへん》の真理」とまったく一致《いっち》したものが展開されているので、かたちではなく、やはり政策の中身や、その意図するところを、一生懸命《いっしょうけんめい》、お話ししていこうと思います。

田原総一朗守護霊　逆を言おうか？

釈　はい。

田原総一朗守護霊　宗教家の側から見れば、「霊言を出すのは結構です。そういうこともあるでしょう。しかし、親鸞聖人《しんらんしょうにん》と東條英機《とうじょうひでき》を一緒に出さないでください」という意見だってあるわけ。

「親鸞は尊いですから結構です。日蓮《にちれん》も尊いから結構です。『日蓮の霊言』『親鸞の霊言』は結構です。しかし、『東條英機の霊言』は困ります。これは政治の問題ですから、こんなものと一緒に並べないでください。われわれは、そんなものじゃありません。宗教は尊いものですから、政治の、そんな汚《きたな》い、どろどろしたもののなかに一緒に引きずり込まないでください」という意見も、宗教界からだって出るわけであるからね。

釈　うーん。なるほど。

田原総一朗守護霊　どうだい？　一石二鳥《いっせきにちょう》と思って一緒にやってることが、一石二鳥じゃ済まなくて、自分に返ってくることもあるよ。

釈　ただ、「大きな目で見て、日本や世界がどういう方向に行くのか」を考えることが大事ですし、個々人としては、誰《だれ》しも、「本当に幸福な、明るい未来を拓きたい」という目的を持っているはずですので、それに向かって、いろいろ話し合いながら進めていくことで、一つになっていけると思います。

　では、時間が来ましたので、及川に替《か》わらせていただきたいと思います。ありがとうございました。

6　先の戦争は「侵略《しんりゃく》」か、「自衛」か

「権力」や「悪」を批判するのがマスコミの立場（田原）

司会　ちなみに、今夜の「朝生《あさなま》」のテーマが「防衛」ということで……。

田原総一朗守護霊　え？

司会　今夜の「朝生」は、テーマが「防衛」ですよね？

田原総一朗守護霊　え？

司会　はい（笑）。ということで……。

田原総一朗守護霊　司会者が司会をしたぞ。

司会　（笑）少しおとなしくしておりました。

田原総一朗守護霊　ああ。

司会　見事に、釈さんからいろいろと聞き出され、言質《げんち》を取ろうとされていたようですが、ここからは、及川さんと、歴史認識にかかわる内容にも言及《げんきゅう》していただきたいと思います。

及川　田原先生はジャーナリストの……。

田原総一朗守護霊　また「先生」で来たかあ。もう全員……。

及川　ジャーナリストの側面をお持ちだと思いますが、もう一つ、日本の近・現代史を、そうとう研究されていると思うのです。

田原総一朗守護霊　おう!

及川　渡部昇一《わたなべしょういち》先生張りに、さまざまな種類の近・現代史の本を、そうとう出されていますよね。

田原総一朗守護霊　うん、うん、うん、うん。

及川　実を言うと、私は、あまり読んでいないのですが（会場笑）、ただ……。

田原総一朗守護霊　じゃあ、黙《だま》れよ。

及川　ただですね、お聞きするかぎりでは、「先の戦争は、日本の侵略《しんりゃく》戦争である」ということを繰《く》り返し言われているようですが。

田原総一朗守護霊　いや、基本的には、そうだよ。

朝日から飯《めし》の種をもらってた者《もん》としては、基本的にはそうだし、マスコミとして、それは正しい態度なんだよ。

あんたがたは違《ちが》うかもしれないけども、やっぱり、マスコミというのは、「権力の暴走や悪を常に批判する」というのが、基本的には正しい立場なんだ。

アジア二千万人が死んだ大戦に日本の侵略《しんりゃく》性はあった（田原）

及川　今、国会では、安倍《あべ》さんの「侵略《しんりゃく》の定義は定まっていない」という発言が少し問題になっていますが、このあたりに関する田原さんのご見解は、どうなのでしょうか。

田原総一朗守護霊　いや、そりゃあ、辞書を引いたら、定義はちゃんと載《の》ってるよ。だから、「定義は定まっていない」という安倍さんの言葉は嘘《うそ》だよ。どの辞書を引いても、定義はちゃんと載ってるはずです。

及川　では、「先の戦争は侵略戦争であった」ということですか。

田原総一朗守護霊　まあ、結果的には、そういうことになってるわねえ。

日本人も、少なくとも三百万人は死んだかもしらんが、その日本人よりも多い数の外国人が死んだのは、ほぼ間違いないことだ。「アジアを中心に二千万ぐらいの人が死んだ」と言われてるからね。

だから、日本人は三百万人死んだかもしらんけども、二千万の人を殺したというのなら、基本的には「侵略性がある」と言わざるをえないんじゃないの？

世界の政治家たちの本音は「アメリカ＝侵略《しんりゃく》国家」（田原）

及川　実は、私も、田原さんの本をチラッとは読んだのですが……。

田原総一朗守護霊　チラッとは読んだか。

及川　「アメリカも侵略《しんりゃく》国であるし、日本も侵略国であって、侵略国同士の戦争だった」という意味のことを述べられていたと解釈《かいしゃく》したのですが、それでよろしいのでしょうか。

田原総一朗守護霊　アメリカが侵略国であることは、本当は、世界の政治家が、みな、裏で認めてることだと思うよ。

ただ、強いから、面と向かっては言えないけど、まあ、裏では、そう思ってるだろうし、俺《おれ》もそう思ってるよ。

やっぱり、強いから、侵略しても「正義だ」と言っているように見えるもんね。もし、アメリカが強くなかったら、互角《ごかく》の戦いになったり、いろいろとするんでしょうけど、「防衛戦をした」と言ってるものでも、防衛ではなくなってる。相手を踏《ふ》み潰《つぶ》してしまえたら、もう、防衛戦も何もないわなあ。

イラクなんかでも、そういうところがあったね。国際法的に見て、「イラク戦争が正しいかどうか」ということには、やっぱり疑問はある。

つまり、もし、アメリカが強国でなかった場合、「『大量破壊《はかい》兵器を保持してる』

という理由により、イラクを攻撃《こうげき》した結果、大量破壊兵器を見つけることができなかった」ということであれば、「あれは侵略戦争だった」という判定ができないことはない。

だけども、世界には、アメリカを糾弾《きゅうだん》できる国がないわけよ。だから、みんな黙ってるけど、客観的に見りゃ侵略戦争だわな。

もし、フセインが、本当に大量破壊兵器を持ってたのなら、「それを防ぐためにやった」ということは正義になるかもしれないけど、なかったのなら、これは、単なる誤報に基《もと》づく攻撃だよね。それで、もう、ないのが分かっていたにもかかわらず、大統領まで吊《つ》るして、死刑《しけい》にしちゃったんでしょう？

やっぱり、これは、先の東條英機《とうじょうひでき》も腹が立つぐらいのすごさだと思うよ。

及川　当会の公開霊言《れいげん》では、「大量破壊兵器はあった」ということを突《つ》き止めています（『イラク戦争は正しかったか』〔幸福の科学出版刊〕参照）。

田原総一朗守護霊　ああ、そうなの?

大東亜《だいとうあ》戦争は「侵略《しんりゃく》」ではなく「自衛」のためだった(及川)

及川　今、おっしゃったとおり、確かに、歴史というのは、その場の解釈や、その人の立場、あるいは、光を当てる角度によって見え方が変わるのは分かります。

ただ、「先の大東亜《だいとうあ》戦争は日本の侵略《しんりゃく》戦争だったか」ということが日本で議論されている間に、アメリカのほうで、間違った見解がどんどん浸透《しんとう》していることを、おそらく田原先生はご存じだと思います。

特に、今、自称《じしょう》・従軍《じゅうぐん》慰安婦《いあんふ》の方の問題で、在米韓国《かんこく》人の団体がアメリカ・ニューヨークの郊外に慰安婦の像を建て、今後、全米二十カ所に建てるつもりのようです。

田原総一朗守護霊　うーん。

及川　さらに、それだけではなくて、アメリカの教科書にまで慰安婦問題を入れようとしているらしいのです。

田原総一朗守護霊　いやあ、それはねえ、君らの戦い方が悪いだけであってね。韓国を責めてもしょうがないわ。

だったら、それに対抗《たいこう》して、「伊藤博文惨殺《いとうひろぶみざんさつ》の像」をつくって、二十カ所にでも建てて歩いたらいいわけだ。「日本の初代総理大臣が、こんなふうに暗殺された」ということで、韓国人に撃《う》たれて倒《たお》れてるところの像をつくって、建てて歩いたらいいわ。

及川　それでは、彼らと同じレベルに下がってしまうだけです。そうではなく、「あれは、侵略戦争ではなくて自衛戦争だった」という歴史観を持つことで、すべて引っ繰り返すことができると思います。

田原総一朗守護霊　それは無理だな。まあ、あんたがたは、日本とアメリカが対等の同盟のつもりなのかもしらんけれども、アメリカは日本を「保護国だ」と思ってるからさ。

つまり、君らが言ってることを、向こうは、そうは思ってなくて、「アメリカの保護国に入るか、中国の保護国に入るか」ということで、内部の意見が割れてるようにしか見えてないのよ。

及川　「アメリカは日本を保護国と思っている」とおっしゃいましたが、何か、その論拠《ろんきょ》はあるのですか。

田原総一朗守護霊　それは核《かく》だ。「核兵器」だよ。これがなかったら、君らは終わりだろ？　君らだけじゃなくて、俺も一緒《いっしょ》か。いや、俺は幽霊《ゆうれい》だから終わりじゃないんだ。俺は永遠の生命《せいめい》を生きてるが、君ら、生きてる人間は終わりだよな。

やっぱり、基本的には、アメリカの「核の傘《かさ》」のなかに入ってるよ。

及川　しかし、アメリカの他の同盟国であるイスラエルやイギリスなども核を持っていますが……。

田原総一朗守護霊　だから、日本は正式に、安倍さんがアメリカに対して、「日本も核武装します」と宣言してみたらいいよ。そのとき、アメリカの態度はどうなるか。

もし、本当に同盟国だったら、アメリカは、当然、「どうぞ持ってください。イスラエルも持ってますから、日本も持つべきです」と言わなきゃいけないわね。

イスラエルの場合、通常兵器だけだったら、周りのアラブの国から占領《せんりょう》されるのは分かってるから、イスラエルには核を持たせてるし、F35も売ってるわね。だったら、日本も同じようにしてくれなきゃ、イコールじゃないよな。

でも、そう言ったら、アメリカは絶対に反対だよ。「米軍の第七艦隊《かんたい》がある以上、要《い》りません。だから、持たないでください」ということで、必ず中国との関係のバランスを取ろうとするわな。

及川　それはおっしゃるとおりだと思います。

日本は東京裁判でも「侵略戦争《しんりゃく》」と認めていない（及川）

及川　今、世界のなかで、日本の評価がどんどん貶《おとし》められている原因の一つに、マスコミをはじめとする多くの日本人が、自ら、「先の大戦は侵略《しんりゃく》戦争であった」と認めていることがあると思います。

彼らは、おそらく、田原先生とは違う意味で言っているのでしょうが、この定義が……。

田原総一朗守護霊　今、認めてるんじゃないのよ。昭和二十年に認めてるの。世界も日本も認めたのよ。

だけど、それが、もう七十年近くたって風化しつつあるから、みんな復習してるの。

及川　いや。東京裁判で日本は認めていませんよ。

田原総一朗守護霊　今ね、みんな〝温故知新《おんこちしん》〟してるの。

及川　少なくとも東條英機は、「侵略戦争ではない」と言っています。

田原総一朗守護霊　まあ、それは、地獄《じごく》の底から、そうやって叫《さけ》んどるんだろう？

だけど、実際上は処刑されたんだから、そう言ったってしょうがないじゃない。

及川　先日、その東條英機の霊を、ここに招霊《しょうれい》しまして……（『公開霊言　東條英機、「大東亜戦争の真実」を語る』〔幸福実現党刊〕参照）。

田原総一朗守護霊　日本のほうが正義なら、ルーズベルト、トルーマンをA級戦犯《せんぱん》で死刑にしなきゃいけない。勝てばそうだよ。負ければ、負けたほうがやられるだけだよな。だから、日本には、それができない。

マスコミや歴史家は「歪《ゆが》められた日本史」を正せ（及川）

及川　そのような話によって、東京裁判が、戦後、何十年も正当化され、われわれも、そう教わってきました。

ただ、これだけの時間がたって、客観的に見てみると、「どう考えても、あの戦争は日本の自衛戦争だった」という証拠《しょうこ》は、たくさん出てきていると思うのです。

でも、それをいつまでたっても認めないために、韓国の一部の人たちは、日本を貶めるために、いわゆる慰安婦問題という〝詐欺《さぎ》商法〟を、世界で次々と行おうとしています。これを早く止《と》めなければ、日本が国会などで議論している間に、世界にどんどんと進んでしまいますよ。

しかし、それに対しても、マスコミや、歴史を研究している方々からは、何も声があがってきません。

「これはいかがなものか」と思っているのですが、どう思われますでしょうか。

田原総一朗守護霊　それはねえ、去年、橋下《はしもと》さんの守護霊の霊言が出たと思うけど、大川総裁が、「橋下さんには、経済と外交の勉強が少し足りないようですね」というようなことを言っただろう？（『徹底霊査《てっていれいさ》　橋下徹《とおる》は宰相《さいしょう》の器《うつわ》か』〔幸福実現党刊〕参照）　それを、マスコミも読んでるし、一年後に、「やっぱり、そうだった」と事実を認めてるのよ。

あのころは、もう、「総理候補」と言って、ワアワア持ち上げてただろう？　そのときに、大川総裁は、「この人は、経済と外交が分かっていない」というようなコメントをしてたはずだね。

そのとおりに一年後、（橋下氏は）従軍慰安婦問題であれだけ言い回り、アメリカの軍司令官に対しても、「風俗《ふうぞく》を使え」なんて言ったりして、外交的なセンスが全然ないことを自分でばらしちゃった。やっぱり、「一ローカル市長にしかすぎず、国のトップになるような人ではない」と、〝自爆《じばく》〟しちゃったところがあるわけよ。

だから、逆に言えば、あなたがたが言ってたことというか、大川総裁が言ってたことを、マスコミは一年後に追認してるのよ。それだけのことじゃない。

及川　すみませんが、別に、橋下さんの話をしているのではありません。

「戦争のない世界の幸福感」を享受《きょうじゅ》してきた日本人（田原）

及川　グランド・マスターに対して、たいへん申し訳ないのですが、あなた自身が、いまだに、「先の戦争は侵略戦争だった」と言い続けていることによって生じている「世界に対する責任」については、どうお考えなのですか。

田原総一朗守護霊　だからね、日本は、戦後七十年近く平和を享受《きょうじゅ》できたのよ。やっぱり、その間、国民全体の幸福感はけっこうあったわけ。「『戦争のない世界』っていうのは、こんなに幸福だったんだ」とね。

それに、軍隊っていうのは、持てば必ず戦争したくなるものなんだよな。つまり、中国と一緒で、「もっと強くならないと危ない」と必ず言い出して、だんだん膨張《ぼうちょう》していく傾向《けいこう》にあるわけだ。

「先の戦争で、日本の軍隊が独走した」というような言い方に対して、君らはすごくアレルギーを示すけども、やっぱり、軍隊自体は、もっともっと世界で戦いたいものなんだよ。

及川　いや。われわれだけではなくて、今、日本中がアレルギーを示していますよ。

田原総一朗守護霊　ああ。

及川　「そんなものは嘘だった」と分かっています。だから、いまだに、そのような自虐《じぎゃく》史観をおっしゃっているのかと思い、少し驚《おどろ》いたのですが。

田原総一朗守護霊　いやあ。自虐、自虐、自虐……。

及川　「ずいぶんと古い話をされているな」という感じがするのですけども。

田原総一朗守護霊　自虐というよりも、やっぱり、「平和を享受した幸福感のほうが大きい」と言ってるんだよ。

及川　いや、かつては、そういう時期があったにしても、今は、ミサイルを突きつけられていて、平和ではありません。

田原総一朗守護霊　まだ平和だよ。

及川　今は、そんなことを言っている場合ではないのではありませんか。

田原総一朗守護霊　北朝鮮《きたちょうせん》は、領海内に短距離《きょり》ミサイルを撃ってるだけで、結局、中距離や長距離は撃てないでいる。それは、アメリカと中国から圧力がかかってきてるからね。

結局、君らは、「言うことをきかない」と言ってるけど、中国だって、今後の取り引きや、正面衝突《しょうとつ》での戦争の危険性を考えたら、「北朝鮮を見殺しにしてでも、アメリカとの関係を平和につないだほうがいい」ということぐらい、分かってるわけよ。

「今、戦ったりしたら危ない」ということぐらいは分かってる。だから、そうは言っても、やっぱり、彼らのほうが大人なんじゃないの？　ハハハ。

及川　ちょっと議論と返しとが嚙《か》み合っていないのですが。

田原総一朗守護霊　あ、そうか。

7 「天皇制」と「大統領制」について

幸福実現党の「新・日本国憲法 試案」は嘘《うそ》っぽい（田原）

及川　最後に一つ、天皇制について触《ふ》れますが、私たちは、「皇室は天照大神《あまてらすおおみかみ》の直系の子孫である」ということを固く信じています。

田原総一朗守護霊　あ、僕《ぼく》は信じてないいんだ。

及川　そうですか。しかし、私たちは、皇室が末永く存続されることを強く願っています。

田原総一朗守護霊　そうかねえ、うーん……。

及川　そのために、幸福実現党は、四年前に「新・日本国憲法 試案」を出しています。

田原総一朗守護霊　いや、嘘《うそ》っぽいなあ。どうも嘘っぽいんだよなあ。

及川　どのあたりが嘘っぽいのでしょうか。

田原総一朗守護霊　やっぱり、あれじゃないの？　基本的に、あれ（「新・日本国憲法 試案」）を読んだら、みんな、「大川隆法さんが国家元首になりたがってる」と思うんじゃない？

及川　それは本音ではないですよね。

田原総一朗守護霊　基本的には、そう読むんじゃない？

及川　たとえ、世の中の人が、そういう薄《うす》っぺらい読み方をしているとしても、田原先生はグランド・マスターですから、おそらく、そう読んではいないと思うのですが。

田原総一朗守護霊　だけど、宗教だから、そう思われてもしかたがないよな。

日本には真の「三権分立」が確立していない（及川）

及川　では、少し、ご説明したいのですが、「大統領制」あるいは、「首相公選制」を提案している意図は、日本においては、三権分立を言いながら、実際は三権分立になっていないからです。

つまり、少なくとも、立法・行政・司法府のトップも、直接選挙で国民が選ぶべきであり、それは、将来、万一、日本が戦争に巻き込《こ》まれて負けたときや、今のように、戦争についての難癖《なんくせ》をふっかけられそうになったときに、その選ばれた人が元首として責任を取るようにして、天皇を守るためでもあるのです。

田原総一朗守護霊　ああ、そう。安倍《あべ》さんなんか、あの逃《に》げ方から見ればさあ、きっと絞首刑《こうしゅけい》から逃げるよ。

及川　ええ。そうでしょうね。

田原総一朗守護霊　A級戦犯《せんぱん》にはなりたくないだろうねえ。うーん。天皇が責任を取るわけもないしなあ。

及川　では、逆にお訊《き》きしたいのですが、「天皇を元首に戻《もど》す」という自民党や産経新聞の憲法改正案に関しては、どう思われますか。

田原総一朗守護霊　まあ、基本的に、一年で首相が代わってるような状況《じょうきょう》はまずいんじゃないの？　飾《かざ》りかもしらんが、天皇が終身制の元首でいてくれると、「国家の象徴《しょうちょう》」としての機能は果たせるんじゃないの？

及川　しかし、一九四五年に、一度、天皇制がなくなりかけました。

田原総一朗守護霊　うん。そうだね。

及川　ああいう状況になってもよいのですか。

田原総一朗守護霊　だけど、「毎年、元首が代わる」というのは困るんじゃない？　やっぱり、マスコミとしては、「首相はいくらでも撃《う》ち落としていい」というほうが面白《おもしろ》いな。そのほうがいい。

「首相より格上」の習《しゅう》主席の存在をご心配の天皇陛下（田原）

及川　当会の憲法試案では、法律において、アメリカや韓国《かんこく》のように、大統領の任期を決めます。ですから、毎年、代わることはありません。

田原総一朗守護霊　でも、その場合、大統領と首相と二つ置かなきゃいけないんじゃないの？　中国みたいに主席と首相がいて、両方で外交された場合、こちらが首相だけだと、向こうには上がいるわけだから、対抗《たいこう》できないじゃない？　だから、今、天皇も危機感を感じてると思うんだよ。

安倍さんは、お腹《なか》を壊《こわ》す癖《くせ》があるから、あまりインド外交が得意じゃないのよ。前回、インドでお腹を壊して退陣《たいじん》になったから、怖《こわ》くてインドには行けないのよ。だから、次には、天皇陛下ご夫妻《ふさい》がインドに訪問されるんでしょう?

あなたがたが言うように、インドとの関係を深めなきゃいけないから、安倍さんの危機を救うために、天皇陛下がインドに行かれる。安倍さんができないところを、ちゃんとカバーしようとされてるわけですよ。もし、安倍さんが行けるのなら、自分で原発を売り込みに行きたいところだけど、お腹を壊すのが怖いために、インドに行けないのよ。

「北朝鮮《きたちょうせん》のミサイル命中」で明らかに国論は変わる（田原）

及川　しかし、その安倍首相は、なかなか「侵略《しんりゃく》戦争ではない」と言ってくれないので、やはり、田原先生のような方から、「そろそろ歴史の見方を変えよう。マッカーサーも『自衛の戦争だった』と言っている」と、一言、言っていただけると……。

田原総一朗守護霊　ただ、マッカーサーは、朝鮮《ちょうせん》戦争が始まったから、日本に軍隊をつくって、日本から軍隊を徴用したかったんだよ。そうすれば、日本人が代わりに死んでくれて、米軍の死傷者が減るからね。

そうやって、早く日本の軍隊を復活させたかったのに、吉田茂《よしだしげる》とかがホニャホニャ言って逃げて、日本人が死なずに済むようにして、貿易だけで儲《もう》けたんだよ。

あれは、戦争の軍需《ぐんじゅ》景気で儲けて、うまいことやったんだけど、「トータルで見たら損したかもしれない」ということで、今、議論が割れてるところだと思うね。

まあ、あれに乗じて、（憲法九条を）変えることもできたとは思うけど、あの当時の日本の空気としては、やっぱり、「もう戦争はごめんだ」という人が多かったし、今でも、当時の記憶《きおく》を持ってる人には、そう思ってる人が多いんじゃないかねえ。

及川　その当時はしかたがないにしても、今は、もう、これだけ時間がたちましたし、日本が発信することは、世界に影響《えいきょう》を与《あた》えているのですから……。

田原総一朗守護霊　それはね、やっぱり、金正恩《キムジョンウン》に文句《もんく》を言うべきだよ。「一発、ちゃーんと日本に命中させろ」と。それをやってくれれば、国論は、はっきりと変わる。当ててくれないから、困ってるんじゃないの?

及川　はい。ありがとうございました。

8　マスコミの「隠《かく》された本心」

ジャーナリストには「一匹狼《いっぴきおおかみ》の強さ」がある（田原）

司会　本日の議論のなかでは、田原総一朗さんの守護霊から、政治家というか、首相をも辞任に追い込《こ》む〝技術〟や、切り返しを見せていただきました。

また、劇場型政治への〝期待〟や宗教政党に関する見解、さらには、歴史認識についても、本音で語っていただきました。

田原総一朗守護霊　いや、この人（饗庭）は、今日、猫《ねこ》をかぶってたからさあ。こういう手はないよ。

司会　（笑）やはり、それがいちばん印象に残っているのですか。

田原総一朗守護霊　これは、ないんじゃないか。（饗庭に）君、一言ぐらい、本音を言って帰れよ。

司会　饗庭さん、よろしいですか。

饗庭　ええ。今日、お話を伺《うかが》っていて……。

田原総一朗守護霊　君の先生（前出の小林節《こばやしせつ》氏）を折伏《しゃくぶく》しろよ。君の先生が邪魔《じゃま》をしたせいで、安倍《あべ》は、「憲法改正」を引っ込めたんだからさ。あれは、君の先生が悪いんだよ。

君が行って、早く、慶応《けいおう》の教授を辞《や》めて、幸福の科学大学へ就職するように、それから、幸福実現党の言うことをきくように、ちゃんと説得してきなさいよ。そうしたら、安倍さんは、また、「憲法改正」を言い出すから。それはどうだ？

饗庭　そのへんは、うまく持っていかないといけませんね（笑）（会場笑）。

田原総一朗守護霊　ヘッへへへ。「うまく持っていかないと」、危ない？　立場が危ないか。

饗庭　この部分は、カットしてもらわないといけないですよね（笑）。

田原総一朗守護霊　君、意外と〝サラリーマン根性《こんじょう》〟を持ってるね。駄目《だめ》だなあ。

饗庭　そういうわけではありません。ただ、物事を通すためには、いろいろとやらなければいけないところがあるとは思います。

田原総一朗守護霊　やはり、ジャーナリストには、一匹狼《いっぴきおおかみ》の強さがあるんだよ。最後には、野性になって生きていくようなところを、みんな、持ってるのさ。

饗庭　はい。

田原総一朗守護霊　俺《おれ》たちも、テレビ局とかを使って仕事をしているけども、いざというとき、いつクビになるかも分からない。失言したらクビになるしね。

そうなっても食っていけるために、君が読まないような、くだらない本を、たくさん書いてるんだよ。

自分でも思ってるよ。あんなものは、いろんな本の引用ばかりで書いてるから、読んだってくだらないよ。大川さんの本のほうが、ずーっと、ありがたいことが書いてあると思いますよ。私は、それを推薦《すいせん》します。

ただ、そういう、くだらない本でも、書いていれば、一匹狼として生きていける。自由な発言ができるわけよ。「こいつは、クビにしたって、別に困らない」と思うと、クビにできない。「クビにしたら、こいつは生きていけない」と思うから、クビにする圧力をかけ、言論統制をかけてくるわけだ。

そういう意味で、いろんなものを出したり、いろんなところに出たりするのは、私の〝安保《あんぽ》条約〟みたいなものなんだよ。

「与党《よとう》の老獪《ろうかい》さ」を見抜《みぬ》かなきゃいけないよ（田原）

田原総一朗守護霊　しかし、憲法記念日を境にして、君らの味方をする勢力が、あっという間に減ってきているような感じがするなあ。気をつけないと、最後には、（幸福実現党の）党首が、一人で「ドジョウすくい」を踊《おど》らされるようになるよ。

幸福実現党だけが、まだ一生懸命《いっしょうけんめい》に（憲法改正を）ワアワアと言って、議席は取れず、勝った与党《よとう》が、選挙が終わってから、幸福実現党の言ってることをやり始める。老獪《ろうかい》だから、また、このパターンをやるよ。それで、ここだけが踊らされる。

政治家を、よく見ててごらん。何十年か老獪にやって、権力の中枢《ちゅうすう》まで行った人たちは、「自分が命令してやらせる」という、責任が自分に返ってくるようなやり方をしない。何となく、やってほしそうな感じをしながら、引き寄せて、吸い寄せて、ほかの人たちに支えさせる。そうやって、吸い込んでくるわけだ。「周りの圧力団体なり、支持団体なり、あるいは、評論家とか、学者とか、いろいろなものを吸い寄せてきて、自分の味方をさせ、代わりに言わせる」という力が、すごく強くなってくるんだよ。

これを、よく見抜《みぬ》かなきゃいけないよ。君らは、まだ、必ず自分たちに責任が返ってくるようにやってるけどね。

安倍さんも、そうだよ。バカのふりをしながら、いろいろな人に言わせて、自然と、最終的には、自分の思うほうに持っていこうとする。何もしないで、ジーッとしてると、君らがワアワア言い出すから、それを、ちゃーんと計算している。そのへんのところを、よく見抜いておかないと、利用だけされて、用がなくなったら「バイバイ」になるよ。

橋下《はしもと》だって、きっと、そんな使われ方をしているよ。

饗庭　そうですね。

田原総一朗守護霊　あれは、代わりに、〝かませ犬〟をやらされてるんだよ。間違《まちが》いない。ほぼ、そうだと思うよ。

饗庭　はい。

田原総一朗守護霊　でも、君が、そんなにおとなしくなっちゃったら、全然、かませ犬にならなくて面白《おもしろ》くないじゃないの。もっと強硬《きょうこう》に意見を言ってくれないと。

饗庭　いや、別に、田原先生と争う必要もないので。

田原総一朗守護霊　そう？

饗庭　今日は、われわれを鍛《きた》えていただくスタイルを通じて、田原先生の愛を感じました。

田原総一朗守護霊　そんなに、「先生」「先生」と、うまいこと言われたら、鍛えようがないじゃない。もう少し、鍛えがいがあるといいのになあ。

饗庭　そうですかね。

田原総一朗守護霊　君のところの党首は、この前のが、テレビの生放送だったら、イチコロで終わってるよ（前掲《ぜんけい》『バーチャル本音対決――TV朝日・古舘《ふるたち》伊《い》知《ち》郎《ろう》守護霊vs.幸福実現党党首・矢内筆勝《やないひっしょう》――』参照）。

だから、本当にテレビは怖《こわ》いよ。

饗庭　はい、そう思います。

田原総一朗守護霊　いや、生でやった場合、本当に怖いからさ。「一瞬《いっしゅん》の隙《すき》」で命を落とすから、実に怖いもんだよ。

でも、君は、やはり大人になったのかねえ。

饗庭　とんでもないです。

田原総一朗守護霊　ああ、子育てをしてるのか。

饗庭　ええ、それは、しています。

田原総一朗守護霊　それは大変だ。やはり、子供が大人になるまでは粘《ねば》らなきゃねえ。

饗庭　でも、意外と関係なく、自由に生きています。

田原総一朗守護霊　そうですか。

「大川隆法の影響《えいきょう》」を最も受けているのは〝朝日系〟（田原）

饗庭　今日、田原先生は、われわれを叱《しか》ったり、批判したりするふりをされながら、ありがたい意見を数多く与《あた》えてくださったと思っています。

田原総一朗守護霊　いや、君な。マスコミには、二重、三重、四重、五重と、何重にも底があるから、本当の底まで見抜けている人は、ほんの一部しかいないんだ。これが、いわゆるグランド・マスターだ（笑）。まあ、こんなことを、自分で言っちゃいけないんだけど、そのグランド・マスターと、マスコミの経営層にいる人たちには、全体が見えている。だけども、なかで働いてる人たちには見えていない。駒《こま》として使われている人たちには、実は見えていないし、古舘にだって、まだ見えていないところはある。

しかも、グランド・マスターや経営陣《じん》は、幸福の科学や大川隆法の言ってることを、十分に分析《ぶんせき》しているよ。実は、朝日新聞が、いちばん影響《えいきょう》を受けている。あなたがたの研究をいちばんしているのは、朝日新聞やテレ朝なんだ。むしろ、あなたがたが、「自分たちの仲間だ」と思ってるところのほうが、研究は浅い。

彼ら（朝日系）のほうが、よく研究をしていて、本当は真理を知ってるの。実際に日本が置かれている立場や、危機的な状況《じょうきょう》、外国の状況等を、いちばんよく知っている。実は、朝日系は、「自分たちが、最後の防波堤《ぼうはてい》だ」と思ってるんだよ。

敵（中国や北朝鮮《きたちょうせん》、韓国《かんこく》など）に媚《こび》を売ってるように見えるかもしれないけども、そうやって味方のように見せながら、向こうに侵食《しんしょく》し、情報を取って、いざというときには、日本を守れるような体制を組んでいる。これが、グランド・マスターと経営陣の本当の考え方だ。

だから、「バカだ」と思っちゃいけないよ。彼らは、そんなバカじゃない。賢《かしこ》いよ。

大川隆法さんへの評価も、あなたがたが言うのとは正反対だ。産経やフジテレビよりも、朝日新聞やテレビ朝日のグランド・マスターや経営陣のほうが、本当は、実力をよく分かっている。

饗庭　なるほど。

田原総一朗守護霊　こちらのほうについても、いわゆる、〝偏差値《へんさち》〟が高いわけ。彼らは、本当のことを知っている。

だけども、彼らは、いちおう〝仮想敵〟なのよ。日本のなかには、政治権力と財界権力というエスタブリッシュメント（支配階級）があるからね。こういう権力と戦う勢力が、日本の国内に必要なんだ。彼らをチェックする機能を持つ強い勢力が必要だから、そのために、すべてをわきまえてやってるところがあるんだよ。

朝日新聞のなかでは、大川隆法研究を、ものすごく盛《さか》んにやっています。もちろん、外には出しませんけど、本当の実力については、あちらのほうがよく知っている。このことは分かっておいたほうがいいよ。

同じく、私たちも、あなたがたと逆のようなことを言ったり、書いたりはするけども、知ってはいる。

意外に、保守系の言論人や保守系の政治家のほうが、かえって底が浅いのはよく分かる。本当は大したことがない。

感情で言ってたり、気分で言ってたりする。あるいは、「おじいさんが、そう考えていたのを、『やり残した』と言って孫に託《たく》したので、それをやりたい」とかいうのは公的な議論ではないわな。「そんなことを、人前で言わないでくれよ」と言いたい。もう少し、「公的に日本をどうしたいか」を、しっかり言ってほしいけど、政治家も保身のために、それを言わないよな。

こちらのグランド・マスターさんの意見は、十分に斟酌《しんしゃく》しています。ちゃんと主筆（若宮啓文《わかみやよしぶみ》氏）だって退任するでしょう？　朝日は分かってるんですよ。分かってて、批判している。だけど、分かってて批判していることを、さらに分かってる人が出てきたら、敵《かな》わないのを知っているから、その人の言葉を聞いて、いちおう、出処進退は決める（『朝日新聞はまだ反日か――若宮主筆の本心に迫《せま》る――』〔幸福の科学出版刊〕参照）。

だから、テレビ朝日のメインキャスター（古舘伊知郎氏）が、どこまでもつか。これから、見物《みもの》だね？

饗庭　はい。

田原総一朗守護霊　うーん。

最後に「隠《かく》れた愛国心」を伺《うかが》って、うれしく思う（饗庭）

司会　今日は、裏事情までお話しいただき、本当にありがとうございました。田原総一朗さんは、言論人として大きな影響力をお持ちの方でいらっしゃるので……。

田原総一朗守護霊　いや、もうヨタヨタなのよ。

司会　ぜひ、幸福実現党について、プラスの評価を、一言でも頂ければと思います。

田原総一朗守護霊　今の状態では、まだ、テレビで袋叩《ふくろだた》きにできなくて面白くないから、もう少し強くて、憎々《にくにく》しい感じの権力者になってくれないとな。

今は、政治家が、弱くて弱くて、本気を出したら、本当に〝斬《き》れ〟ちゃうんだよ。

饗庭　本当に戦うべき敵は、国内ではなく、外にいるのではないでしょうか。

世界は、まさに、〝戦国時代〟なので、外に対しては、徹底的《てっていてき》にエネルギーを使って、チャンチャンバラバラ、やらなくてはいけないと思いますが、あまり国内で、ガタガタと争っている場合でもないと思います。

ただ、最後に、田原先生の「隠《かく》れた愛国心」とでもいうべきものを伺《うかが》って、私は非常にうれしかったです。

田原総一朗守護霊　まあ、内緒《ないしょ》だけど言っておくよ。

安倍さんがやってる方向は、あなたがたの応援《おうえん》もあって、ジワジワと国論になっている。少しずつ少しずつ、迂回《うかい》しながらも進んでいってるし、行くと思うよ。

朝日系だって、「そうなるだろう」という予想は、すでにしている。

ただ、国内には、「平和勢力」がまだ残っていて力を持っており、牽制《けんせい》しているように見せるために、中国や北朝鮮、韓国に対しては、そういうメッセージを出しつつ、実は、少しずつ時間を稼《かせ》いで、それを進めていこうとしているところなんだ。こういう構図であって、われわれにも、ちゃんと愛国心はあるのよ。それを、カバーしてるわけ。

「日本国内には、まだ批判勢力がある」と思って安心してる間に、自衛隊の装備だって着々と進めているし、いいものができてるのも知っているよ。そんなことは、全部、つかんでいる。そのへんは、そんなにバカじゃない。やはり、「〝就職〟偏差値七十」というのは簡単なものじゃないのよ。それなりに、みんな賢いのよ。ただ、仕事としては、「こういうふうに、やったほうがいい」というかたちでやってるわけだ。

饗庭　あえて悪役を演じている部分もあるわけですね。

田原総一朗守護霊　まあ、悪役というか、権力に対抗《たいこう》できるものがあるように見せたり、あるいは、実際にやってみせたりしないといけないわけですよ。

私なんか、顔が悪いせいもあるんだろうけども、首相だって怖がるところがある。さすがに、もう年だから、今は少し保守化してるけどね。

君らも、本当に権力を持ったら、悪役になる。基本的には、〝悪役プロレスラー〟だから、憎まれますよ。

しかし、憎まれるところまで行っても、それに耐《た》えられなければ、本当の意味で、いい仕事はできないんだよ。

例えば、安倍さんが、ポピュリストのような面を見せて、気に入られようとしたり、憎まれないように上手に逃《に》げようとしたりしているあたりは、まだ、本物ではないんだ。だから、われわれも、「本気で倒《たお》そう」などとは思ってないのよ。人気を取らないと、もたない政権だから、まだ本当に怖いわけではない。でも、「ヒトラーみたいなのが出てきたときには戦わなければいけない」とは思っている。

君たちは大川総裁に甘《あま》えすぎているよ（田原）

田原総一朗守護霊　まあ、大川さんという人は、多彩《たさい》な能力を持った、非常に貴重な人材だと思うし、「木鐸《ぼくたく》」という言葉は古くて分からないかもしれないけど、マスコミにとっても、一つの指針になってるよ。マスコミにとっての〝天声人語《てんせいじんご》〟になっていると思う。

非常にストレートに正直に言ってくださっていて、すでに、われわれの圏外《けんがい》にあるんだよ。〝天上界《てんじょうかい》〟にいらっしゃるのさ。

その弟子《でし》の君たちは、〝地上界〟で戦いをやろうとしておられるわけだけど、偉《えら》い先生を偉くないように見せる〝努力〟をあまりしないで、もう少し、格好をつけないといかんのではないかな。そう、言いたいところだね。

饗庭　はい。

田原総一朗守護霊　やはり、そろそろ連敗記録を止めないといけないんじゃないか。さすがに、もういいだろう。

饗庭　はい。

田原総一朗守護霊　ロッキーが打たれるのは、映画だからしかたがない。最終ラウンドまで戦うために引き延ばさなきゃいけないから打たれるわけだけど、あんなに打たれっぱなしのボクサーなど、実際にはありえないよね。「ヘビー級のプロボクサーで、あんなに、打たれて、打たれて、打たれて、打たれて、それでも、最終ラウンドまで立っていて、最後に決める」とかいうのは、ありえないことであって、やはり、各ラウンドで打ち合わなくては駄目だな。

あとは、君たちのなかから、〝悪役〟も出ないといけないんじゃないかと思うね。「従軍慰安婦《じゅうぐんいあんふ》」の件でも、今回は、総裁自らが買って出たようだが、けっこう、リスキーなことをやってると思うよ（『神に誓《ちか》って「従軍慰安婦」は実在したか』〔幸福実現党刊〕参照）。

韓国政府を敵に回すようなこともやってるわけだし、君らから見れば、韓国伝道に支障が出るようなことだわね。それを、総裁自らがやってるんだろう？

まあ、われわれには、その意味は分かってるよ。やはり、向こうが考えてること、韓国が考えてることが分かってるから、それを（世に）伝えないといけなくて、買って出てくれてることは分かってるけども、そろそろ、広報本部長の君あたりが、〝悪役〟として斬り込《こ》んでいかなきゃいけない時代だな。

そうでないと、全部、総裁のほうに嫌疑《けんぎ》がかかってくるわけだからさ。

饗庭　そのとおりです。

田原総一朗守護霊　でしょう？　その意味で、君たちは、まだ創価学会《そうかがっかい》に勝てていないよ。創価学会は、池田大作《いけだだいさく》を守るためだけに何十年もやってきた団体だ。

君たちは、その逆で、「総裁が教団を守り、総裁がほかの人たちのいろんなものを守っている」という状態なんだから、甘《あま》えすぎてるよ。なあ。

饗庭　はい。

田原総一朗守護霊　そのへんを、マスコミは全部、見抜いているんだよ。

大川隆法という人は「福の神」だ（田原）

司会　田原先生、申し訳ございません。

田原総一朗守護霊　うん？

司会　とうとう、終了《しゅうりょう》時刻となってしまいました。

田原総一朗守護霊　お姉さん、もうやめさすの？

司会　はい。タイムアップということで……。

田原総一朗守護霊　面白くないねえ。

司会　本日は、田原先生から、豊かな見識も頂けましたし、胸を借りて討論できたと思います。

田原総一朗守護霊　朝までやろうよ（会場笑）。

司会　次回は、ぜひ、そのようにさせていただきます。ありがとうございました。

田原総一朗守護霊　うーん。まあ、あの、うん……。（大川に）昔、テレビに出てきてくれてありがとう。

大川さんと対談した人は、私もそうだし、マスコミで取材した人もそうだし、渡《わた》部昇一《なべしょういち》さんもそうだろうけど、みんな偉くなったのよ。この人は、やはり、「福の神」だよ。この人と対談すると、マスコミ人は、全部、偉くなったし、出た人も全部、偉くなった。

やはり、そうは言ってもマスコミは、「宗教家には人物眼がある」と思ってるんだよ。「人物を見て選んでいる」と見ている。

だから、「会ってくれる」というのは、やはり、「能力を認めた」と見ているわけだし、そのあと、みんな、賞をもらったりして偉くなり、大御所《おおごしょ》になっていっているよ。みんな、「目がある」と見ているね。

君らも、「今日、出してもらった」ということについては、「将来の日本を背負う人だと見てもらった」と考えなきゃいけないね。

俺は生きてないと思うよ。君らが大臣になるときには生きてるはずがないからさ。

饗庭　いや、長生きしてください。

田原総一朗守護霊　ああ、（守護霊である）俺は死んでるんだ。俺は死んでるんだけど、地上に生きている本人は、そのときには生きていないと思うから。

必要があれば、いつでも訊《き》いてくれ（田原）

司会　まことに申し訳ございません。お時間です。

田原総一朗守護霊　あっ、そうか。

司会　最後に高評価を頂きまして、ありがとうございました。

饗庭　ありがとうございました。

田原総一朗守護霊　（司会者に）あんた、早稲田《わせだ》に通ってたんじゃないの？

司会　（笑）田原先生には、間接的にお世話になり、ありがとうございました。

田原総一朗守護霊　しょうがないな。君は、大隈塾《おおくまじゅく》（田原氏が塾頭を務める講座）でしっかり勉強しなきゃいかん。やはり、慶応の味方をしたら面白くないなあ。今日は、（対談者に）早稲田がいないじゃない？　早稲田がいないよ。

饗庭　ええ。当会は早稲田卒が多いのですが……。

田原総一朗守護霊　どうしたんだろうね。ああ、そうか。今日は、やっつけられる役だから、早稲田じゃないのを集めたんだ。

饗庭　ああ。

田原総一朗守護霊　そういうことだな。なるほどね。やはり魂胆《こんたん》があるんだ。どこかに策士が隠れてるね。そう思うな。

司会　そうなのかは分かりませんが、本日は本当にありがとうございました。

田原総一朗守護霊　じゃあ、ありがとう。

また、要所要所で、生きとったら……、いや、死んでるか。まあ、死んでいてもいいけども、必要があれば、いつでも訊《き》いてくれ。

饗庭　はい。ぜひ、ご指導ください。

田原総一朗守護霊　本人が死んだら、「田原総一朗本人」として出てくるからさ。それから、筑紫哲也《ちくしてつや》が準備してるようだよ。「俺も、当然、声がかかるんだろうなあ」って……。

司会　どうしたらいいのでしょうか（会場笑）。

田原総一朗守護霊　もう、五年もたってるんだから、そろそろ声がかかるんじゃないの？　いや、もう準備してるよ。だから、次の（対談）候補者を用意しておいたほうがいい。

司会　今日は、これから、「朝生《あさなま》」もあることですし……。

田原総一朗守護霊　あっ、そうか。

司会　幸福の科学総合本部では、以上とさせていただきます。

田原総一朗守護霊　ああ、それでは、以上、〝六本木《ろっぽんぎ》ヒルズ〟からお伝えいたしました（会場笑）。

一同　ありがとうございました。

あとがき

かつて二十二年前に、テレビ朝日の「サンデープロジェクト」で田原氏と対談した後、某大教団の元幹部氏からは、「あんなバカを相手にしてはいけない」と諫言《かんげん》を頂戴《ちょうだい》した。「テレビに出るとタダの人間に見えるので、カリスマ性が落ちるから、もう二度と出てはいけない。」ともアドバイス頂いた。

その後、週刊誌で時々ご批判頂く以外は、基本的には、マスコミには出ないで自分の信念に忠実に、自分にやれることだけをやってきた。まるで二宮尊徳の「積《せき》小《しょう》為《い》大《だい》」を信条にしたかのような生き方である。

それでも結構、長い長い道のりを歩んできた。ともすれば、気力・体力ともなえていきそうな中、ドンキホーテのように新しい難題に立ち向かっていこうとし続ける自分も、「バカの一人なんだろうなあ」と思いつつも、幾度となく、悲しみも苦しみも乗り越えてきた。私は虎の皮一枚も残せればよい。後進の者たちの成長していく姿が見てみたい。

二〇一三年　六月四日

幸福実現党総裁《こうふくじつげんとうそうさい》　大川隆法《おおかわりゅうほう》

『田原総一朗守護霊 VS. 幸福実現党ホープ』大川隆法著作関連書籍

『新・日本国憲法 試案』（幸福の科学出版刊）
『ＮＨＫはなぜ幸福実現党の報道をしないのか』（同右）
『柳井正社長の守護霊インタビュー ユニクロ成功の霊的秘密と世界戦略』（同右）
『イラク戦争は正しかったか』（同右）
『朝日新聞はまだ反日か――若宮主筆の本心に迫る――』（同右）
『バーチャル本音対決
――ＴＶ朝日・古舘伊知郎守護霊 vs. 幸福実現党党首・矢内筆勝――』（幸福実現党刊）
『安倍新総理スピリチュアル・インタビュー』（同右）
『猛女対談 腹をくくって国を守れ』（同右）
『公開霊言 東條英機、「大東亜戦争の真実」を語る』（同右）
『徹底霊査 橋下徹は宰相の器か』（同右）

『神に誓って「従軍慰安婦」は実在したか』（同右）

田《た》原《はら》総一朗《そういちろう》守護《しゅご》霊《れい》 VS.《バーサス》 幸福実現党《こうふくじつげんとう》ホープ

——バトルか、それともチャレンジか？——

2013年6月13日　初版第1刷

著　者　　大《おお》 川《かわ》 隆《りゅう》 法《ほう》

発　行　　幸福実現党

〒107-0052 東京都港区赤坂2丁目10番8号
TEL(03)6441-0754

発　売　　幸福の科学出版株式会社

〒107-0052 東京都港区赤坂2丁目10番14号
TEL(03)5573-7700
http://www.irhpress.co.jp/

印刷・製本　株式会社 東京研文社

落丁・乱丁本はおとりかえいたします

ISBN978-4-86395-346-8 C0030

大川隆法 霊言シリーズ・北朝鮮情勢を読む

守護霊インタビュー
金正恩の本心直撃！

ミサイルの発射の時期から、日米中韓への軍事戦略、中国人民解放軍との関係——。北朝鮮指導者の狙いがついに明らかになる。
【幸福実現党刊】

1,400円

長谷川慶太郎の
守護霊メッセージ
緊迫する北朝鮮情勢を読む

軍事評論家・長谷川氏の守護霊が、無謀な挑発を繰り返す金正恩の胸の内を探ると同時に、アメリカ・中国・韓国・日本の動きを予測する。

1,300円

北朝鮮の未来透視に挑戦する
エドガー・ケイシー リーディング

「第2次朝鮮戦争」勃発か!? 核保有国となった北朝鮮と、その挑発に乗った韓国が激突。地獄に堕ちた〝建国の父〟金日成の霊言も同時収録。

1,400円

※表示価格は本体価格（税別）です。

大川隆法霊言シリーズ・中国の今後を占う

中国と習近平に未来はあるか

反日デモの謎を解く

「反日デモ」も、「反原発・沖縄基地問題」も中国が仕組んだ日本占領への布石だった。緊迫する日中関係の未来を習近平氏守護霊に問う。
【幸福実現党刊】

1,400円

周恩来の予言

新中華帝国の隠れたる神

北朝鮮のミサイル問題の背後には、中国の思惑があった！ 現代中国を霊界から指導する周恩来が語った、戦慄の世界覇権戦略とは!?

1,400円

小室直樹の大予言

2015年 中華帝国の崩壊

世界征服か？ 内部崩壊か？ 孤高の国際政治学者・小室直樹が、習近平氏の国家戦略と中国の矛盾を分析。日本に国防の秘策を授ける。

1,100円

大川隆法霊言シリーズ・幸福実現党の魅力とは

バーチャル本音対決

TV朝日・古舘伊知郎守護霊 VS. 幸福実現党党首・矢内筆勝

なぜマスコミは「憲法改正」反対を唱えるのか。人気キャスター・古舘氏守護霊と幸福実現党党首・矢内が、目前に迫った参院選の争点を徹底討論!

【幸福実現党刊】

ダイジェスト DVD付

1,800円

幸福実現党に申し上げる

谷沢永一の霊言

保守回帰の原動力となった幸福実現党の正論の意義を、評論家・谷沢永一氏が天上界から痛快に語る。驚愕の過去世も明らかに。

【幸福実現党刊】

1,400円

百戦百勝の法則

韓信流・勝てる政治家の条件

人の心をつかむ人材となれ――。不敗の大将軍・韓信が、ビジネスにも人生にも使える、「現代の戦」に勝ち続ける極意を伝授。
【幸福実現党刊】

1,400円

※表示価格は本体価格(税別)です。

大川隆法霊言シリーズ・日本復活への提言

渡部昇一流・潜在意識成功法

「どうしたら英語ができるようになるのか」とともに

英語学の大家にして希代の評論家・渡部昇一氏の守護霊が語った「人生成功」と「英語上達」のポイント。「知的自己実現」の真髄がここにある。

1,600円

竹村健一・逆転の成功術

元祖『電波怪獣』の本心独走

人気をつかむ方法から、今後の国際情勢の読み方まで――。テレビ全盛時代を駆け抜けた評論家・竹村健一氏の守護霊に訊く。

1,400円

日下公人のスピリチュアル・メッセージ

現代のフランシス・ベーコンの知恵

「知は力なり」――。保守派の評論家・日下公人氏の守護霊が、いま、日本が抱える難問を鋭く分析し、日本再生の秘訣を語る。

1,400円